잼잼 쉬운 여행 영어

잼잼 쉬운 여행 영어

저 자 서지위, 장현애
발행인 고본화
발 행 반석출판사
2023년 11월 5일 초판 2쇄 인쇄
2023년 11월 10일 초판 2쇄 발행
반석출판사 | www.bansok.co.kr
이메일 | bansok@bansok.co.kr
블로그 | blog.naver.com/bansokbooks

07547 서울시 강서구 양천로 583, B동 1007호
(서울시 강서구 염창동 240-21번지 우림블루나인 비즈니스센터 B동 1007호)
대표전화 02) 2093-3399 팩 스 02) 2093-3393
출 판 부 02) 2093-3395 영업부 02) 2093-3396
등록번호 제315-2008-000033호

ISBN 978-89-7172-972-4 (13740)

잼잼 쉬운 여행 영어

반석출판사

여행에서 쓸 수 있는 기본 표현

영어를 조금이라도 알면 낯선 해외에서의 여행은 더욱 즐겁습니다. 영어로 인사말 정도만 알아도 상대는 미소를 띠며 대화에 응해줄 것입니다. 우선 여행을 가기 전에 여기에 있는 짧고 간단한 영어 표현을 반드시 암기해 두십시오. 그리고 용기를 내어 말을 걸어 보십시오. 분명 해외여행은 한층 멋진 추억을 당신에게 만들어 줄 것입니다.

★ 안녕하세요. (아침)	Good morning. 굿 모닝
★ 안녕하세요. (낮)	Good afternoon. 굿 앱터눈
★ 안녕하세요. (밤)	Good evening. 굿 이브닝
★ 안녕히 가(계)세요.	Good bye. / Bye. 굿바이 / 바이
★ 안녕히 주무세요.	Good night. 굿 나잇
★ 또 만납시다.	See you again. 씨 유 어게인
★ 감사합니다.	Thank you. 땡큐
★ 천만에요.	You are welcome. 유어 웰컴

★ 예. / 아니오.	**Yes. / No.** 예스 / 노
★ 미안합니다.	**I'm sorry.** 아임 쏘리
★ 실례합니다.	**Excuse me.** 익스큐즈 미
★ 처음 뵙겠습니다.	**Nice to meet you.** 나이스 투 미츄
★ 저는 한국사람입니다.	**I'm Korean.** 아임 코리언
★ 영어를 못합니다.	**I can't speak English.** 아이 캔 스픽 잉글리쉬
★ 이걸 주세요.	**I'll take this one.** 아일 테익 디쓰 원
★ ~은 어디입니까?	**Where is ~?** 웨어리즈 ~
★ 얼마입니까?	**How much?** 하우 머취
★ ~가 있습니까?	**Do you have ~?** 두유 해브 ~
★ ~을 부탁합니다.	**~, please.** ~ 플리즈
★ ~해도 됩니까?	**May I ~?** 메이 아이 ~

머리말

미국에는 수많은 이민족이 있습니다. 영국에서 온 앵글로색슨, 멕시코 계통인 히스패닉, 유럽 인종, 아프리카 계통, 라틴계 및 아시아 인종 등 다양한 종의 사람들이 살고 있지요. 이런 사람들이 사용하는 영어는 전부 저마다의 특징을 가지고 있습니다. 예를 들어 우리가 하는 영어가 콩글리쉬면 일본 사람들이 하는 영어는 쟁글리쉬고 중국사람이 하는 영어는 칭글리쉬라고 합니다. 이런 말의 원인을 살펴보면 모국어의 모음과 상당히 연관되어 있다는 것을 알 수 있습니다. 모국어의 모음이 영어의 모음을 다 발음하지 못할 때 발생하는 것이 각 국가의 영어발음이고 그걸 뛰어넘는 사람들은 각기 부단한 노력을 하신 분일 겁니다. 저희가 이 책을 펴내면서 강조하고 싶은 부분도 이 부분입니다. 영어 문화권에 가서 영어를 사용할 때 발음이나 문법에 덜 신경 쓰셨으면 하는 마음에서 본 책에 한글 발음도 기입하였습니다.

언어를 잘하는 사람일수록 쉬운 언어를 선택하여 사용합니다. 이는 언어의 사용목적 중 하나가 상대방에게 의사전달을 하기 위함이기 때문입니다. 저희는 그 점에 중점을 두었습니다. 현재 자주 사용되는 단어 위주로 작성하였으며, 독자님들이 바로바로 사용하기 편하게 책의 내용을 구성하였습니다.

이 책을 통해 더욱 쉽게 영어를 사용하시기 바랍니다. 이 책은 어휘를 늘리고자 사용하는 단어장도 아니며 문법을 익히고자 사용하는 문법책도 아닙니다. 다만 영어를 단순히 어려운 학문으로 생각지 않고 실생활에 적용할 수 있게, 특히 다른 나라를 여행할 때 사용할 수 있게 만든 여행 영어책입니다. 아무쪼록 쉬운 언어로 쉽게 의사소통을 하셨으면 합니다.

서지위, 장현애

목차

목차

이 책의 특징

단체로 여행을 가면 현지 사정에 밝은 가이드가 안내와 통역을 해주기 때문에 말이 통하지 않아 생기는 불편함은 그다지 크지 않을 것입니다. 하지만 외국인과 대면하거나 쇼핑을 하거나 위급한 상황에 처했을 때는 회화가 절대적으로 필요합니다. 또한 여행지에서 현지인과의 의사소통은 여행을 한층 즐겁고 보람되게 해줄 것입니다.

이 책은 여행자의 필수 휴대품이 될 수 있도록 하기 위해 현지에서 꼭 필요한 어휘와 필수 구문, 대화 등을 실었습니다. 영어 초보자들을 위해 원어민의 발음에 가깝게 한글 발음을 병기하였고, 상황별로 필요한 영어 표현과 어휘를 실었습니다. 또한 원어민의 정확한 발음이 실린 mp3가 반석출판사 홈페이지(www.bansok.co.kr)에서 제공됩니다.

PART 1 그림으로 익히는 핵심 영단어

여행지에서 자주 사용하는 알짜 어휘들을 상황별로 정리했습니다. 어휘들을 삽화와 함께 접하면 쉽게 익힐 수 있고 머릿속에 오래 남습니다.

PART 2 잼잼 쉬운 여행 영어

출발에서부터 교통, 관광, 숙박, 쇼핑, 식사, 통신, 질병, 기본적인 일상회화 등 여행을 할 때 부딪칠 수 있는 상황을 여행순서에 맞게 설정했습니다.

이 책의 활용 방법

1 외국으로 여행, 출장, 방문을 할 때 현지에서 유용하게 사용할 수 있도록 하기 위해 필수회화(구문)를 엄선하여 사전식으로 꾸몄습니다.

2 영어를 잘 모르더라도 즉석에서 활용할 수 있도록 하기 위해 발음은 가능한 한 원음에 가깝게 한글로 표기했습니다.

3 장면별로 현지에서 필요한 여행정보를 두어 여행가이드로서 역할을 충분히 할 수 있도록 하였습니다.

QR코드
QR코드를 통해 편리하게 학습할 수 있습니다.

바꿔말하기
각 장면에서 기본적으로 쓰이는 영어 문형입니다. 이 기본문형을 바탕으로 필요한 어휘를 바꿔서 말할 수 있습니다.

발음표기
정확한 영어 발음을 한글로 표기하여 누구나 즉석에서 쉽게 말할 수 있습니다.

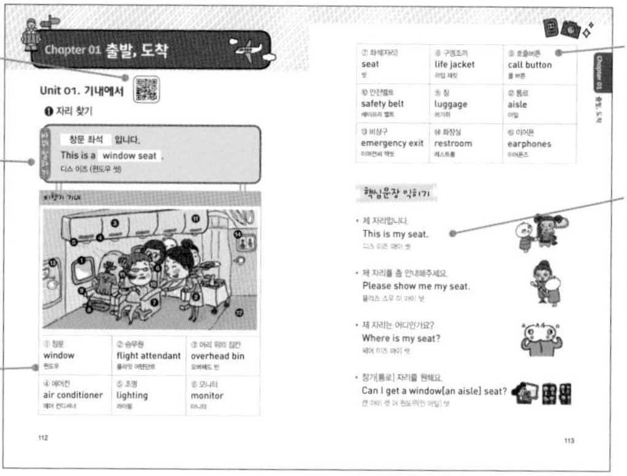

바꿔말하기용 어휘
기본문형에 어휘를 대입하여 즉석에서 활용할 수 있습니다.

핵심문장 익히기
기본문형 외에 상황별로 반드시 알아야 할 표현들을 실었습니다.

회화표현
상황별로 실전 활용도가 높은 회화들을 선별했습니다.

우리말 표현
필요한 말을 쉽게 찾아볼 수 있도록 한글을 먼저 실었습니다.

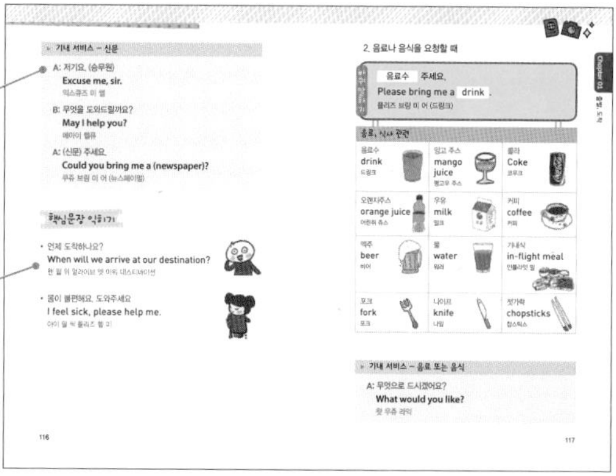

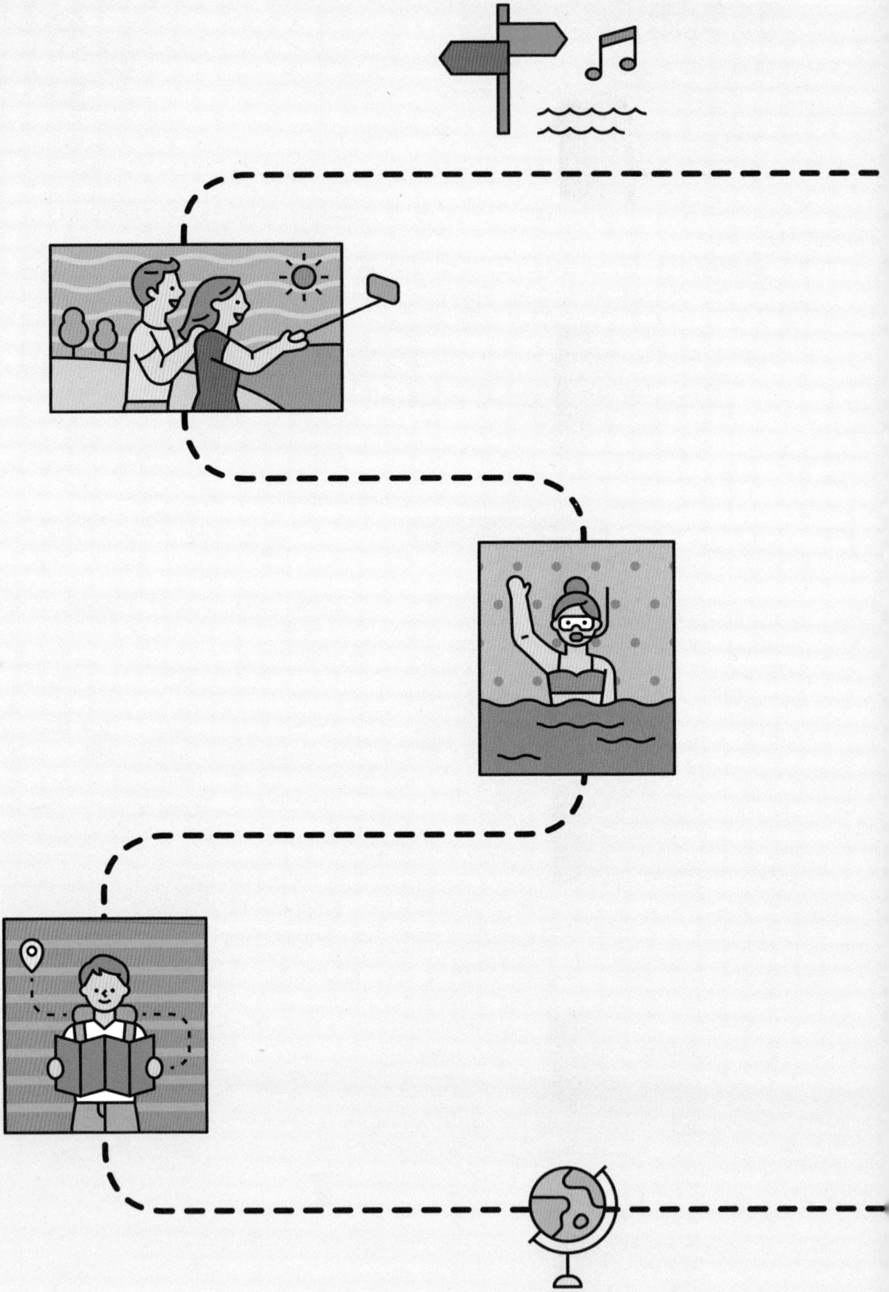

PART 1

비행기 기내

① 창문
window
윈도우

② 승무원
flight attendant
플라잇 어텐던트

③ 머리 위의 짐칸
overhead bin
오버헤드 빈

④ 에어컨
air conditioner
에어 컨디셔너

⑤ 조명
lighting
라이링

⑥ 모니터
monitor
마니터

⑦ 좌석(자리)
seat
씻

⑧ 구명조끼
life jacket
라입 재킷

⑨ 호출버튼
call button
콜 버튼

⑩ 안전벨트
safety belt
세이프리 벨트

⑪ 짐
luggage
러기쥐

⑫ 통로
aisle
아일

⑬ 비상구
emergency exit
이머젼씨 엑씻

⑭ 화장실
restroom
레스트룸

⑮ 이어폰
earphones
이어폰즈

기내 서비스 물품

신문 
newspaper
뉴스페이퍼

한글
Korean
코리안

영어
English
잉글리쉬

일어
Japanese
재패니스

중문
Chinese
차이니스

면세품 목록
duty-free list
듀티프리 리스트

잡지
magazine
매거진

담요
blanket
블랭킷

베개
pillow
필로우

입국카드
customs card
커스텀스 카드
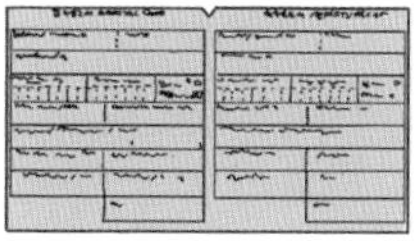

티슈
tissue
티슈

음료, 식사 관련

음료수
drink
드링크

망고 주스
mango juice
맹고우 주스

콜라
Coke
코우크

오렌지주스
orange juice
어린쥐 쥬스

우유
milk
밀크

커피
coffee
커피

맥주
beer
비어

물
water
워러

기내식
in-flight meal
인플라잇 밀

포크
fork
포크

나이프
knife
나잎

젓가락
chopsticks
찹스틱스

기내 면세품

담배
cigarette
씨거렛

술
alcohol
앨커헐

화장품
cosmetics
코스메틱스

향수
perfume
퍼퓸

손목시계
wristwatch
리슷와취

목걸이
necklace
넥클러스

입국심사 1

사업차
(on) business
(온) 비즈니스

여행, 관광
travel, sightseeing
트레블, 싸이트씨잉

회의
conference
칸퍼런스

취업
work
워크

거주
taking residence
테이킹 레지던스

친척 방문
visiting relatives
비지링 렐러티브스

공부
study
스터디

귀국
returning home
리터닝 홈

휴가
vacation
베케이션

입국심사 2

호텔
hotel
호텔

친척 집
relative's house
렐러티브스 하우스

친구 집
friend's house
프렌즈 하우스

핵심 단어

미정입니다.
I have not decided where I am staying.
아이 해브 낫 디사이디드 웨 아이 앰 스테잉

수화물 찾기

수화물을 분실했어요.
I've lost my baggage.
아이 로스트 마이 배기쥐

수화물이 바뀌었어요.
My baggage has been switched with another person's.
마이 배기쥐 해즈 빈
스위치드 위드 어나더 펄슨스

개인 물품

개인 소지품
personal belongings
퍼스널 빌롱잉스

선물
gift
기프트

지폐와 동전

여행자 수표
traveller's check
트레벌러스 체크

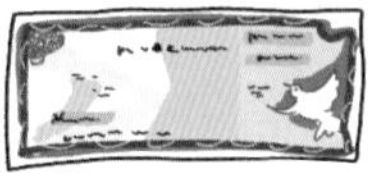

엔화
Japanese Yen
제패니즈 옌

달러
dollar
달러

한화
Korean won
코리안 원

현금
cash
캐쉬

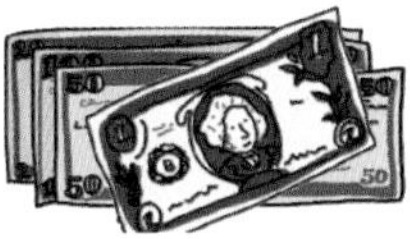

수표
check
체크

지폐
bill
빌

동전
coin
코인

여행관련자료

지하철노선도
subway map
써브웨이 맵

관광지도
tourist map
투어리스트 맵

여행안내 책자
travel brochure
트레블 브로슈어

한국어 팸플렛
booklet in Korean
북렛 인 코리언

시내지도
city map
씨리 맵

버스 시간표
bus schedule
버스 스케쥴

버스 노선도 **bus route map** 버스 루트 맵	호텔 리스트 **hotel list** 호텔 리스트	버스 투어 안내서 **guide** 가이드

핵심 단어

출발입구 **departure gate** 디파처 게잇	도착입구 **arrival gate** 얼라이벌 게잇	
국내선 **domestic flight** 더메스틱 플라잇	탑승 수속 중 **now boarding** 나우 보딩	
환승 비행기 **connecting flight** 커넥팅 플라잇	지연 **delayed** 딜레이드	공석 대기 **stand by** 스탠바이

대중교통, 공용시설

시외버스 터미널
intercity bus terminal
인터시티 버스 터미널

관광버스 터미널
tour bus terminal
투어버스 터미널

여객 터미널
passenger terminal
패신져 터미널

리무진버스 정류장
airport limousine bus station
에어포트 리무진 버스 스테이션

버스 정류장
bus stop
버스 스탑

택시 정류장
taxi stand
택시 스탠드

공항
airport
에어포트

열차역
train station
트레인 스테이션

지하철역
subway station
서브웨이 스테이션

주차장
parking lot
파킹 랏

비상구
emergency exit
이머젼시 엑씨트

엘리베이터
elevator
엘리베이터

매표소
ticket office
티킷 어피스

렌터카 카운터
rent a car desk
렌터 카 데스크

입구/출구
entrance/exit
엔터런스/엑시트

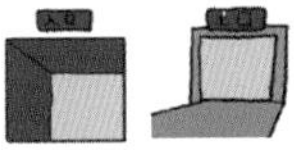

예약 창구
reservation window
레저베이션 윈도우

환불 창구
refund window
리펀드 윈도우

방향, 장소

여기 / 저기(에서)
(from) here/there
(프럼) 히어/데어

사거리에서
at the intersection
앳 디 인터쎅션

건물에서
at the building
앳 더 빌딩

골목에서
at the alley
앳 디 앨리

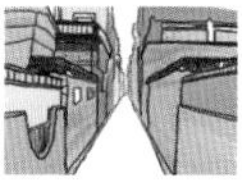

모퉁이에서
at the corner
앳 더 코너

삼거리에서
at the three-way intersection
앳 더 쓰리웨이 인터섹션

핵심단어

동서남북
four cardinal directions
포 카디널 디렉션스

이쪽/저쪽/오른쪽/왼쪽/앞/뒤
this way / that way / right / left / front / back
디스 웨이 / 댓 웨이 / 라이트 / 레프트 / 프론트 / 백

횡단보도
crosswalk
크로스웍

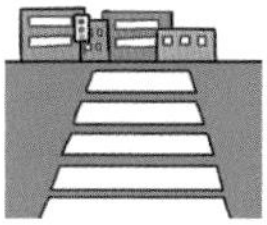

길
road
로드

길을 잃어버렸어요.
I'm lost.
아임 로스트

여기가 어딘지 모르겠어요.
I don't know where I am.
아이 돈 노우 웨어 아이 앰

장소

이곳
this place
디스 플레이스

이 주소
this address
디스 어드레스

버스 종류 1

시내버스
city bus
씨리 버스

트롤리버스
trolley bus
트롤리 버스

이층버스
double-decker bus
더블 데커 버스

소형버스
micro bus
마이크로 버스

시외버스
intercity bus
인터씨리 버스

핵심 단어

고속버스
express bus
익스프레스 버스

직행버스
nonstop bus
논스탑 버스

매일
every day
에브리 데이

격일
every other day
에브리 아더 데이

수시로
frequently
프리퀀틀리

기간

반나절
half-day
하프 데이

당일치기
one-day
원 데이

2일
two-day
투 데이

3일
three-day
쓰리 데이

시간

오전
morning
모닝

오후
afternoon
애프터눈

지하철 노선

1호선 **line no.1** 라인 넘버 원	2호선 **line no.2** 라인 넘버 투	3호선 **line no.3** 라인 넘버 쓰리
4호선 **line no.4** 라인 넘버 포	5호선 **line no.5** 라인 넘버 파이브	6호선 **line no.6** 라인 넘버 씩스
7호선 **line no.7** 라인 넘버 쎄븐	8호선 **line no.8** 라인 넘버 에잇	9호선 **line no.9** 라인 넘버 나인

열차 대합실

매표소
ticket office
티킷 오피스

물품보관함
locker
라커

대기실
waiting area
웨이팅 에어리어

화장실
restroom
레스트룸

안내소
information desk
인포메이션 데스크

열차 플랫폼
train platform
트레인 플랫폼

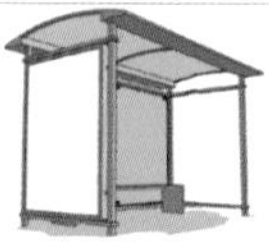

열차 종류

암트랙
Amtrak
앰트랙

직행열차
direct train
디렉트 트레인

특급열차(아셀라 익스프레스)
Acela Express
아셀라 익스프레스

객차 등급

일반석
coach class
코치 클래스

VIP석
VIP
브이아이피

입석
standing room
스탠딩 룸

핵심 단어

도착지
destination
데스티네이션

날짜
date
데이트

열차번호
train number
트레인 넘버

침대
bed
베드

인원
number of people
넘버 어브 피플

열차표
train ticket
트레인 티켓

객차

승무원
train attendant
트레인 어텐던트

식당칸
dining car
다이닝 카

화장실
restroom
레스트룸

비행기표

비행기표
plane ticket
플레인 티켓

편도
one-way
원웨이

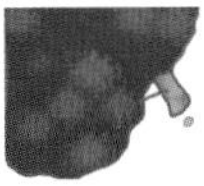

왕복
round trip
라운드 트립

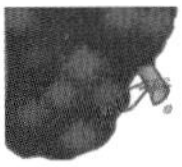

핵심단어

경유
via ~
비아 ~

출발도시
departure city
디파처 씨리

목적도시
destination city
데스티네이션 씨리

출발날짜
departure date
디파처 데잇

출발시간
departure time
디파처 타임

돌아오는 날짜
return date
리턴 데잇

돌아오는 시간
return time
리턴 타임

좌석 등급
class
클래스

공항

국제선 데스크

international flight desk

인터내서널 플라잇 데스크

국내선 데스크

domestic flight desk

도메스틱 플라잇 데스크

탑승 대기소

waiting area for passengers

웨이링 에어리어 포 패씬저스

좌석 등급

1등석

first-class

퍼스트 클래스

2등석

second-class

세컨드 클래스

3등석

third-class

써드 클래스

VIP석

VIP

브이아이피

핵심 단어

선명(배이름)

name of the ship

네임 오브 더 쉽

출항일

sailing date

세일링 데잇

목적지

destination

데스티네이션

좌석 등급

class

클래스

자동차의 종류 - 크기

중형차

midsize car

미드사이즈 카

소형차

compact car

컴팩트 카

대형차
full size car
풀 사이즈 카

스포츠카
sports car
스포츠 카

핵심 단어

양보
Yield
일드

일시정지
Stop
스탑

추월금지
No Passing Lane
노 패씽 레인

제한속도
Speed Limit
스피드 리밋

일방통행
One-Way Traffic
원웨이 트래픽

주차금지
No Parking
노 파킹

우측통행
Keep Right
킵 라잇

진입금지
Do Not Enter
두 낫 엔터

유턴금지
No U-Turn
노 유턴

낙석도로
Falling Rocks
펄링 락스

어린이 보호구역
School Zone
스쿨 존

놀거리

번화가
main street
메인 스트릿

극장
theater
띠어럴

수영장
swimming pool
스위밍 풀

영화관
movie theater
무비 띠어럴

놀이동산
amusement park
어뮤즈먼트 파크

스키장
ski slope
스키 슬롭프

노래방
karaoke
캐리오키

사우나
sauna
써너

나이트클럽
nightclub
나이트클럽

동물원
zoo
주

식물원
botanical garden
버테니컬 가든

편의시설, 공공시설

세탁소
laundry
런드리

PC방
internet cafe
인터넷 카페

목욕탕
public bath
퍼블릭 배쓰

마사지 샵
massage salon
머싸쥐 쌀론

발 마사지 샵
foot massage shop
풋 머싸쥐 샵

화장실
restroom
레스트룸

은행
bank
뱅크

약국
pharmacy
파머씨

병원
hospital
하스피럴

우체국
post office
포스트 오피스

소방서
fire station
파이어 스테이션

경찰서
police station
폴리스 스테이션

도서관
library
라이브러리

한국 영사관
Korean consulate
코리안 컨썰렛

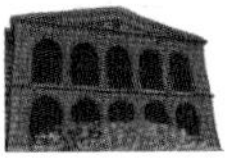

현금지급기
ATM
에이티엠

백화점
department store
디팟먼 스토어

관광 안내소
tourist information office
투어리스트 인포메이션 어피스

매표소
ticket office
티킷 오피스

서양권 대표 관광지

그랜드캐니언
Grand Canyon
그랜드 캐년

디즈니랜드
Disneyland
디즈니랜드

라스베이거스
Las Vegas
라스 베이거스

센트럴파크
Central Park
센트럴 팍

자유의 여신상
Statue of Liberty
스테츄 어브 리버티

자연사 박물관
Natural History Museum
내추럴 히스토리 뮤지엄

타임스 스퀘어
Times Square
타임스퀘어

금문교
Golden Gate Bridge
골든 게잇 브리지

옐로스톤 국립공원
Yellowstone National Park
옐로스톤 내셔널 팍

레고랜드
Legoland
레고랜드

요세미티 국립공원
Yosemite National Park
요세미티 내셔널 팍

에펠탑
Eiffel Tower
아이펠 타워

베르사유 궁전
Versailles Palace
베르싸이 팰러스

나이아가라 폭포
Niagara Falls
나이아그라 펄스

하와이
Hawaii
허와이

러시모어 산
Mount Rushmore
마운트 러쉬모어

유니버설 스튜디오
Universal Studios
유니버설 스튜디오스

항공우주 박물관
Air and Space Museum
에어 앤 스페이스 뮤지엄

루브르 박물관
Louvre Museum
루브르 뮤지엄

피사의 사탑
Leaning Tower of Pisa
리닝 타워 업 피사

콜로세움
Colosseum
칼러씨움

트레비 분수
Trevi Fountain
트레비 파운튼

시스티나 성당
Sistine Chapel
씨스틴 채플

베네치아 광장
Piazza Venezia
피아자 베네치아

피렌체 대성당
Florence Cathedral
플로런스 커띠드럴

성 베드로 광장
St. Peter's Square
세인 피터 스퀘어

알프스 산맥
Alps
앨프스

파르테논 신전
Parthenon
파써난

산토리니
Santorini
쌘토리니

빅 벤
Big Ben
빅 벤

버킹엄 궁전
Buckingham Palace
버킹엄 팰러스

대영박물관
British Museum
브리티쉬 뮤지엄

그리니치 천문대
Royal Greenwich Observatory
로열 그리니치 옵저버터리

웨스트민스터 사원
Westminster Abbey
웨슷민스터 애비

스톤헨지
Stonehenge
스톤헨쥐

오페라하우스
Opera house
아프러 하우스

하버 브리지
Harbor Bridge
하버 브릿지

타롱가 동물원
Taronga Zoo
타롱가 주

통가리로 국립공원
Tongariro National Park
통가리로 내셔널 팍

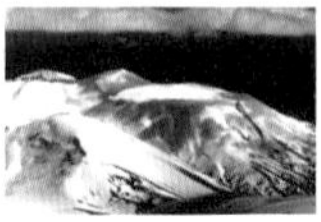

와이토모 동굴
Waitomo Caves
와이토모 케이브즈

밀퍼드 사운드
Milford Sound
밀퍼드 사운드

어른
adult
어덜트

학생
student
스튜던트

단체
group
그룹

노인
senior
씨니어

유아
child
차일드

입장권 세트
ticket set
티켓 셋

가운데 자리
middle seat
미들 씻

가장자리(통로 쪽)
aisle seat
아일 씻

케이블 승차권 (편도/왕복)
cable car ticket (one way / round-trip)
케이블 카 티켓(원 웨이 / 라운드 트립)

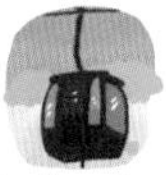

핵심 단어

유료[무료] 주차
paid[free] parking
페이드[프리] 파킹

주차비
parking fee
파킹 피

화장실 이용
toilet use
터일렛 유즈

자연물

산
mountain
마운틴

강
river
리버
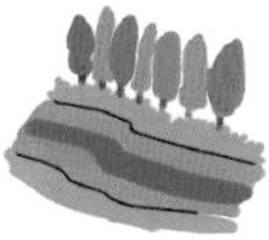

호수
lake
레이크
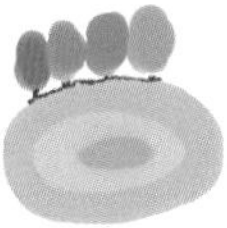

저수지
reservoir
레저브와

연못
pond
판드
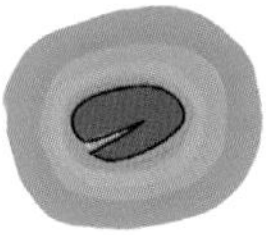

해변
beach
비치
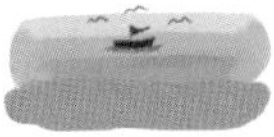

습지
swamp
스왐프
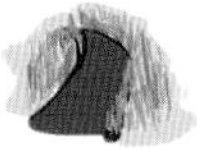

협곡
canyon
캐년
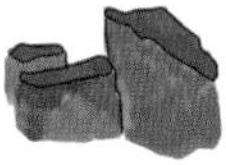

해안
coast
코우스트

동굴
cave
케이브

섬
island
아일런드

삼림
forest
퍼리스트

초원
grassland
그래스랜드

사막
desert
데젓

폭포
waterfall
워러펄

인공자연물

분수
fountain
파운튼

공원
park
팍

댐
dam
댐
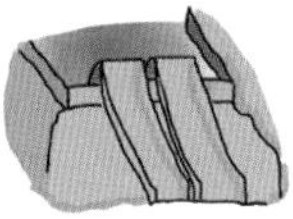

정원
garden
가든

유적

장성
huge wall
휴즈 월

명승지
scenic spot
씨닉 스팟

유적지
historical site
히스토리컬 싸잇

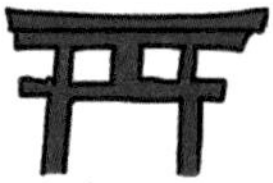

성
castle
캐슬

석불
stone statue of Buddha
스톤 스태츄 오브 붓다

불상
statue of Buddha
스태츄 오브 붓다

사찰
temple
템플

탑
tower
타월

무덤
tomb
툼

문
door
도얼

사당
shrine
슈라인

옛날 집
historic house
히스토릭 하우스

고궁
historic palace
히스토릭 팰리스

기념비
memorial
메모리얼

기념관
memorial hall
메모리얼 홀

다리
bridge
브리쥐

광장
square
스퀘어

성당
Catholic church
캐톨릭 철취

교회
church
철취

박물관
museum
뮤지엄

미술관
art museum
아트 뮤지엄

건물
building
빌딩

대학
university
유니벌씨리

이슬람 사원
mosque
마스크

규모

길이
length
렝쓰

넓이
width
윗쓰

무게
weight
웨이트

크기
size
싸이즈

핵심 단어

출입금지
Off Limits
오프 리밋츠

접근금지
Restricted Area
리스트릭트 에리어

금연
No Smoking
노 스모킹

조용히 하세요
Be Quiet
비 콰이엇

손대지 마세요
Do Not Touch
두 낫 터치

들어가지 마세요
Keep Out
킵 아웃

사진 촬영 금지
No Photographs
노 포로그랩스

사진기 명칭

① 전원 버튼
power button
파워 버튼

② 셔터 버튼
shutter button
셔러 버튼

③ 셀프타이머
self timer
셀프 타이머

④ 내장 플래시
built-in flash
빌트 인 플래시

⑤ 렌즈
lens
렌즈

박물관

유물
relic
레릭

도자기
pottery
포러리

화석
fossil
파쓸

공룡
dinosaur
다이노소얼

연극
play
플레이

가면극
masque
매스크

아이스쇼
ice show
아이스 쇼

서커스
circus
써커스

발레
ballet
밸레이

팬터마임
pantomime
팬터마임

1인극
monodrama
모노드라마

난타
Nanta
난타

락페스티벌
rock festival
락 페스티벌

콘서트
concert
칸써트

뮤지컬
musical
뮤지컬

클래식
classical music
클래시컬 뮤직

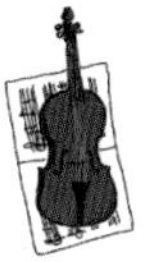

오케스트라
orchestra
오키스트러

마당놀이
Madangnori
마당노리

국악공연
Korean traditional musical performance
코리안 트래디셔널 뮤지컬 퍼포먼스

스포츠 종목

볼링
bowling
보울링

암벽등반
rock-climbing
락클라이밍

활강
downhill skiing
다운힐 스킹

수상그네
overwater swing
오버워터 스윙

페러글라이딩
paragliding
패러글라이딩

번지점프
bungee jump
번지 점프

낚시
fishing
피쉬

인공 암벽
sports climbing
스포츠 클라이밍

바둑
go
고

카레이싱
car racing
카 레이씽

윈드서핑
windsurfing
윈드써핑

골프
golf
골프

테니스
tennis
테니스

스키
skiing
스킹

태극권
Tai chi
타이 치

소림무술
Sorim military art
소림 밀리터리 아트

승마
horseback riding
홀스백 라이딩

축구
soccer
싸커

배구
volleyball
발리볼

야구
baseball
베이스볼

농구
basketball
배스킷볼

탁구
table tennis
테이블 테니스

검술
swordsmanship
스워즈맨쉽

수영
swimming
스위밍

경마
horse racing
홀스 레이씽

권투
boxing
박씽

태권도
taekwondo
태권도

검도
kendo
켄도

무에타이
Muay Thai
무에이 타이

격투기
martial arts
마샬 아츠

씨름
ssireum (Korean wrestling)
코리안 레슬링

당구
billiards
빌려즈

배드민턴
badminton
배드민튼

럭비
rugby
럭비

스쿼시
squash
스쿼시

핸드볼
handball
핸드볼

인라인스케이팅
inline skating
인라인 스케이링

사이클
cycling
싸이클링

스카이다이빙
skydiving
스카이 다이빙

피겨스케이트
figure skating
피겨 스케이링

양궁
archery
알쳐리

스쿠버다이빙
scuba diving
스쿠버 다이빙

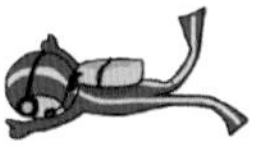

아이스하키
ice hockey
아이스 하키

등산
(취미) hiking /
(전문적) climbing
하이킹/클라이밍

보트
boating
보팅

요가
yoga
요가

행글라이더
hang gliding
헹글라이딩

롤러스케이트
roller skating
롤러 스케이링

스노쿨링
snorkeling
스노컬링

해머던지기
hammer throwing
해멀 쓰로잉

멀리뛰기
long jump
롱 점프

창던지기
javelin throwing
쟈버린 쓰로잉

마라톤
marathon running
메라손 러닝

펜싱
fencing
펜싱

쿵푸
kung fu
콩푸

합기도
hapkido
합키도우

공수도
karate
커라티

레슬링
wrestling
레슬링

스모
sumo wrestling
스모우 레슬링

줄넘기
jump rope
점프 로프

뜀틀
long horse
롱 홀스

에어로빅
aerobics
에어로빅스

아령
dumb bell
덤 벨

역도
weightlifting
웨잇리프팅

상점 이름

재래시장
traditional market
트래디셔널 마켓

기념품 가게
souvenir shop
수비니어 샵

골동품 가게
antique shop
앤틱 샵

도매시장
wholesale market
홀세일 마켓

쇼핑센터
shopping center
쇼핑 센털

면세점
duty-free shop
듀티프리 샵

이케아
IKEA
아이키아

대형 할인점
big discount shop
빅 디스카운트 샵

서점
bookstore
북스토어

미술관
art museum
아트 뮤지엄

의류매장

정장
suit
슛

청바지
jeans
진스

티셔츠
T-shirt
티셔츠

원피스
dress
드레스

반바지
shorts
쇼츠

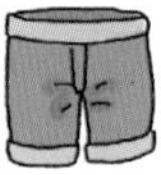

치마
skirt
스커트

조끼
vest
베스트

셔츠
shirt
셔츠

와이셔츠
dress shirt
드레스 셔츠

재킷
jacket
재킷

운동복
sportswear
스포츠웨어

오리털잠바
duck-down jacket
덕다운 재킷

스웨터
sweater
스웨러

우의
raincoat
레인코웃

내복
long johns
롱 존스

속옷
underwear
언더웨어

팬티
panties/ underpants
팬티즈/언더팬츠

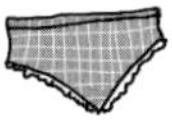

교복
school uniform
스쿨 유니폼

레이스
lace
레이스

단추
button
버튼

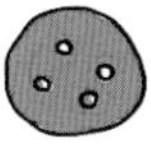

바지
pants
팬츠

버클
buckle
버클

브래지어
bra
브라

블라우스
blouse
블라우스

소매
sleeve
슬리브

외투
overcoat
오버코웃

지퍼
zipper
지퍼

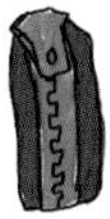

잠옷
pajamas
퍼자머즈

한복
Korean clothes
코리언 클로우쓰

파티용 드레스
evening dress
이브닝 드레스

신발, 양말

신발
shoes
슈즈

운동화
sneakers
스니커스

구두
shoes
슈즈

부츠
boots
부츠

슬리퍼
slippers
슬리퍼스

조리
filp-flops
플립플랍스

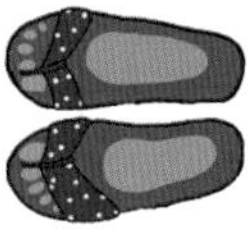

장화(비 올 때 신는)
rain boots
레인 부츠

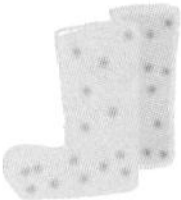

양말
socks
싹스

스타킹
stockings
스타킹스

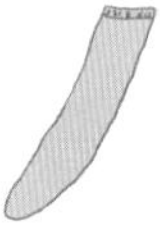

샌들
sandals
쌘들스

기타 액세사리

모자
hat
햇

가방
bag
백

머리끈
hair tie
헤어 타이

귀걸이
earrings
이어링스

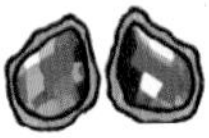

반지
ring
링

안경
glasses
글래씨스

선글라스
sunglasses
썬글래씨스

지갑
wallet
월럿

목도리
winter scarf
윈터 스카프

스카프
scarf
스깝프

손목시계
wristwatch
리슷와취

팔찌
bracelet
브래이슬럿

넥타이
necktie
넥타이

벨트
belt
벨트

장갑
gloves
글러브스

양산
parasol
패러썰

목걸이
necklace
넥클러스

브로치
brooch
브로우취

손수건
handkerchief
행커칩

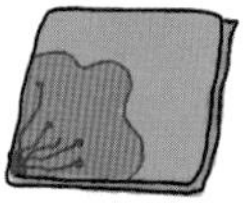

머리핀
hair pin
헤어 핀

스킨케어류 및 편의점용품

비누
soap
쏘웊

물티슈
wet wipe
웻 와입

생리대
pad
패드

기저귀
diaper
다이퍼

우산
umbrella
엄브렐러

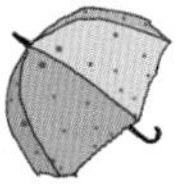

담배
cigarette
씨거렛

라이터
lighter
라이러
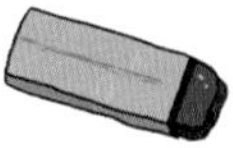

건전지
battery
배러리

쇼핑백
shopping bag
쌰핑 백

종이컵
paper cup
페이퍼 컵

컵라면
cup noodles
컵 누들스

모기약
mosquito repellent
머스끼토우 리펠런트

방취제
deodorizer
디오더라이저

면도크림
shaving cream
쉐이빙 크림

면도날
razor blade
레이저 블레이드

스킨
skin toner
스킨 토우너

로션
lotion
로션

썬크림
sunscreen
썬스크린

샴푸
shampoo
섐푸

린스
conditioner
컨디셔너

치약
toothpaste
투쓰페이스트

칫솔
toothbrush
투쓰브러쉬

손톱깎이
nail clippers
네일 클리퍼스

화장지
toilet paper
토일럿 페이퍼

립스틱
lipstick
립스틱

비비크림
BB cream
비비 크림

파운데이션
foundation
파운데이션

빗
comb
코움
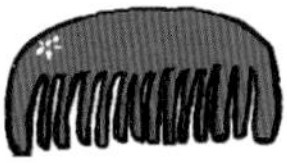

사탕
candy
캔디

껌
gum
검

초콜릿
chocolate
처컬릿

아이섀도
eye shadow
아이 쉐도우
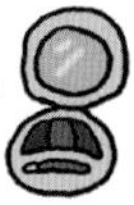

매니큐어
nail polish
네일 폴리쉬

향수
perfume
퍼퓸

마스카라
mascara
매스캐러

파스
pain relief patch
페인 릴리프 패취

카메라
camera
캐머러

붓
brush
브러쉬

책
book
북

거울
mirror
미러

핸드폰 케이스
cellphone case
셀폰 케이스
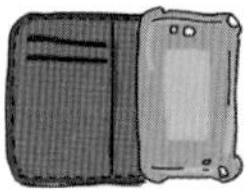

에센스
essence
에쎈스

수분크림
moisturizer
모이스처라이저

영양크림
nutrient cream
누트리언트 크림

보석

옥
jade
제이드

금
gold
골드
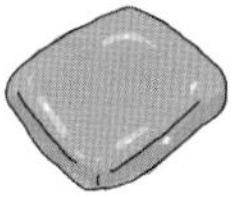

은
silver
실버

청동
bronze
브론즈

가넷
garnet
가닛

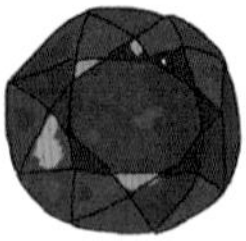

자수정
violet quartz
바이얼럿 쿼츠

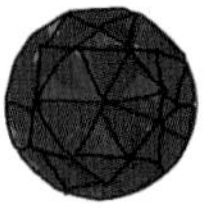

아쿠아마린
aquamarine
아쿼마린

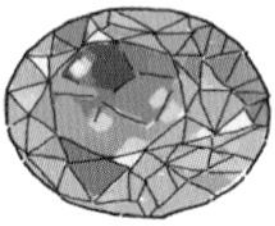

다이아몬드
diamond
다이어먼드

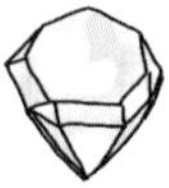

에메랄드
emerald
에머럴드

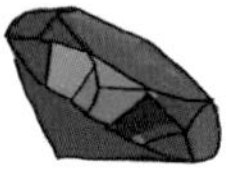

진주
pearl
펄

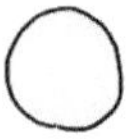

루비
ruby
루비

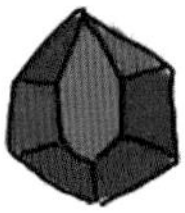

페리도트
peridot
페러닷트

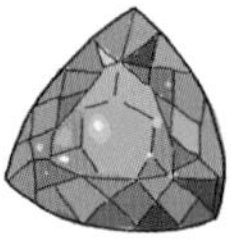

사파이어
sapphire
싸파이어

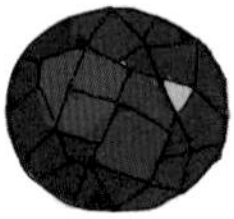

오팔
opal
오우플

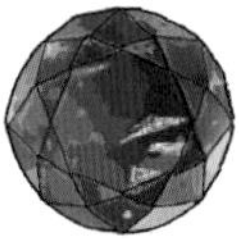

토파즈
topaz
토패즈

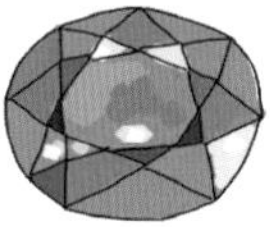

터키석
turquoise
터퀘이즈

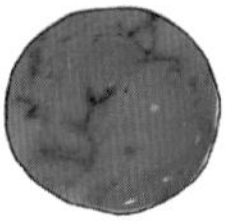

전자제품, 가구

카메라
camera
캐머러

노트북
notebook
놋북

컴퓨터
computer
컴퓨러

핸드폰
cellphone
쎌폰

텔레비전
television
텔리비전

기타

거실용품
living room items
리빙룸 아이듬즈
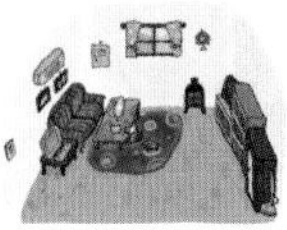

주방용품
kitchen utensils
키친 유텐씰스

골프용품
golf supplies
골프 서플라이즈

침구류
bedding
베딩

장난감
toy
토이

인형
doll
돌

기념엽서
commemorative postcard
커메모러팁 포스트카드
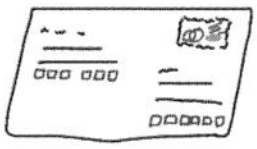

우표
stamp
스탬프

이것
this
디스

저것
that
댓

더 큰 사이즈
larger size
라저 사이즈

더 작은 사이즈
smaller size
스몰러 사이즈

유행상품
trendy goods
트렌디 굿즈

다른 종류
different styles
디퍼런 스타일스

다른 디자인
different design
디퍼런 디자인

다른 색깔
different color
디퍼런 컬러

신상품
new product
뉴 프라덕트

핵심단어

더 화려한
more colorful
모어 컬러풀

더 수수한
more modest
모어 마디스트

더 무거운
heavier
헤비어

더 가벼운
lighter
라이러

더 긴
longer
롱거

더 짧은
shorter
쇼러

더 싼
cheaper
취퍼

더 비싼
more expensive
모어 익스펜씨브

몇몇의
some
썸

빨간색
red
레드

주황색
orange
어린쥐
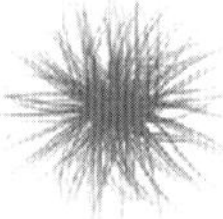

노란색
yellow
옐로우

초록색
green
그린
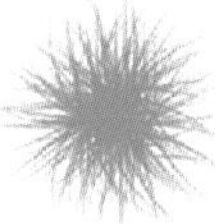

파란색
blue
블루
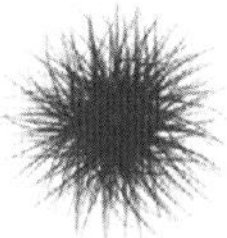

남색
navy
네이비

보라색
purple
퍼플

상아색
ivory
아이버리

황토색
red brown
레드 브라운

검은색
black
블랙

회색
gray
그레이

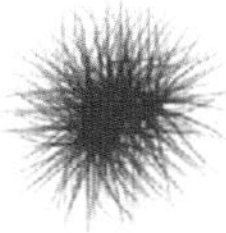

흰색
white
와잇

갈색
brown
브라운

분홍색
pink
핑크

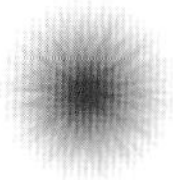

하늘색
sky-blue
스카이블루

면
cotton
코튼

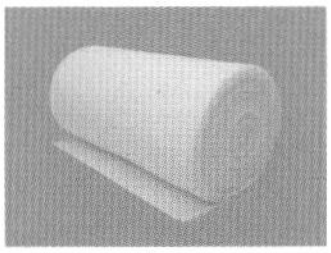

마
hemp
헴

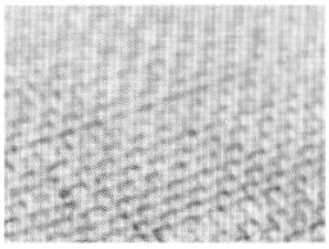

실크
silk
실크

울
wool
울

가죽
leather
래덜

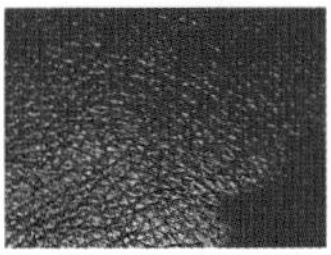

폴리에스테르
polyester
폴리에스털

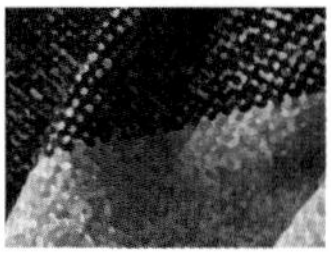

입어보다
try on
트라이 온

신어보다
try on
트라이 온

메다
shoulder
숄더

먹다
eat
잇

바르다
put on
푸론

들다
hold
홀드

만지다
touch
터취

착용하다
put on
푸론

동전

1센트
one cent
원 센트

5센트
five cents
파이브 센츠

10센트
ten cents
텐 센츠

25센트
twenty-five cents
투웨니 파이브 센츠

50센트
fifty cents
피프티 센츠

지폐

1달러
one dollar
원 달러

2달러
two dollars
투 달러스

5달러
five dollars
파이브 달러스

10달러
ten dollars
텐 달러스

20달러
twenty dollars
투웬티 달러스

50달러
fifty dollars
피프티 달러스

100달러
one hundred dollars
원 헌드레드 달러스

할인

90%
ninety percent
나인티 퍼센트

80%
eighty percent
에잇티 퍼센트

70%
seventy percent
세븐티 퍼센트

60%
sixty percent
식스티 퍼센트

50%
fifty percent
피프티 퍼센트

결제

여행자수표
traveler's check
트래블러 체크

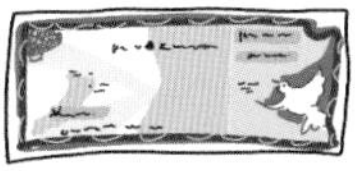

현금
cash
캐쉬

신용카드
credit card
크레딧 카드

체크카드
check card
체크 카드

과일

연무
wax apple
왁스 애플

용안
longan
롱건

리치
litchi
리취

망고
mango
맹고우
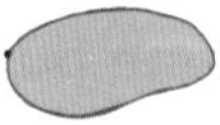

비파
loquat
로우콰

망고스틴
mangosteen
맹거스틴

산사
haw
허

유자
citron
씨트런

람부탄
rambutan
람부탄

사과
apple
애플

배
pear
페어
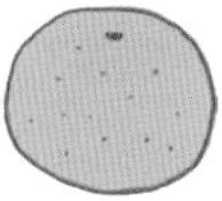

귤
clementine
클레멘타인

수박
watermelon
워러멜런

포도
grape
그레입

복숭아
peach
피취

멜론
melon
멜런

오렌지
orange
어린쥐

레몬
lemon
레먼
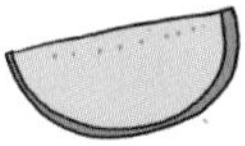

바나나
banana
버내너

자두
plum
플럼
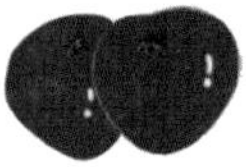

두리안
durian
두리언

살구
apricot
애프리캇

감
persimmon
퍼씨먼

참외
oriental melon
어리엔틀 멜런

파인애플
pineapple
파인애플

키위
kiwi
키위
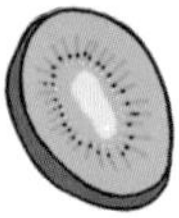

코코넛
coconut
코커넛

사탕수수
sugarcane
슈거캐인

구아바
guava
과버

밤
chestnut
체스트넛

대추
jujube
주주비

딸기
strawberry
스트로베리

건포도
raisin
레이즌

체리
cherry
체리

블루베리
blueberry
블루베리

라임
lime
라임

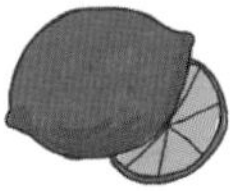

무화과
fig
피그

석류
pomegranate
파머그래닛

채소

고수나물
coriander
커리앤더

샐러리
celery
셀러리

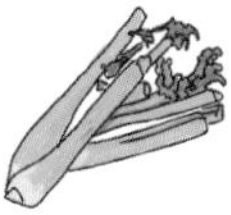

양상추
(iceberg) lettuce
(아이스벅) 레티스

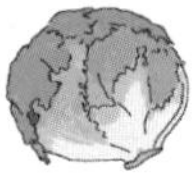

애호박
zucchini
주키니

당근
carrot
캐럿

피망
bell pepper
벨 페퍼

버섯
mushroom
머쉬룸

감자
potato
포테이도

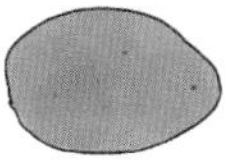

고추
chili pepper
칠리 페퍼

토마토
tomato
토메이도

무
radish
래디쉬

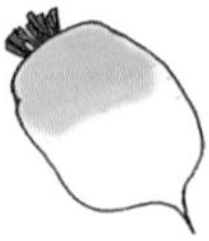

배추
napa cabbage
나파 캐비쥐

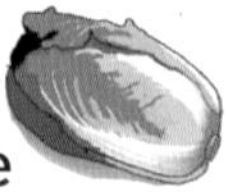

마늘
garlic
갈릭

우엉
burdock root
버닥 루트

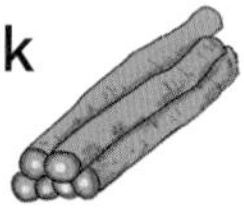

상추
lettuce leaf
레티스 립

시금치
spinach
스피니취

양배추
cabbage
캐비쥐

브로콜리
broccoli
브라컬리

양파
onion
어니언

호박
pumpkin
펌킨

고구마
sweet potato
스윗 포테이도

오이
cucumber
큐컴버

파
green onion
그린 어니언

콩나물
bean sprouts
빈 스프라우츠

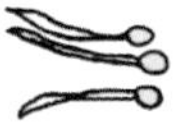

생강
ginger
진저

미나리
water dropwort
워러 드랍윗

옥수수
corn
콘

가지
eggplant
에그플랜트

송이버섯
pine mushroom
파인 머쉬룸

죽순
bamboo shoot
뱀부 슛

파슬리
parsley
파실리

도라지
balloon flower
벌룬 플라워

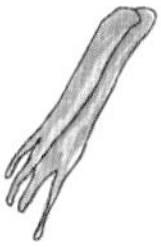

깻잎
perilla leaf
페릴라 립

고사리
bracken
브래컨

청양고추
Cheongyang chili pepper
청양 칠리 페퍼

팽이버섯
enoki mushroom
이노키 머쉬룸

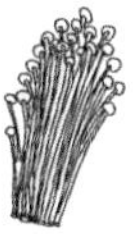

올리브
olive
알리브

쑥갓
crown daisy
크라운 데이지

인삼
ginseng
진셍

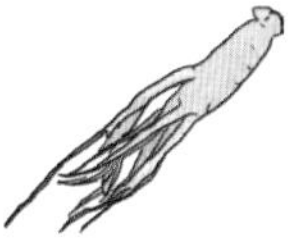

홍삼
red ginseng
레드 진셍

음식점

중국(의)
Chinese
차이니즈

한국(의)
Korean
코리언

일본(의)
Japanese
재패니즈

뷔페
buffet
버펫

프랑스(의)
French
프렌취

이태리(의)
Italian
이탈리언

인도(의)
Indian
인디안

태국(의)
Thai
타이

저렴한
cheap
칩

고급
high class
하이 클래스

전문
specialty
스페셜티

핵심단어

가까운
close
클로즈

맛있는
delicious
딜리셔스

길거리 음식
street food
스트릿 푸드

이 지방의 전통요리
local dish
로컬 디쉬

패스트푸드 / 분식 / 기타

제과점
bakery
베이커리

패스트푸드점
fast-food restaurant
패스트푸드 레스트런트

KFC
KFC
케이에프씨

맥도날드
McDonald's
맥도널즈

피자헛
Pizza Hut
핏짜 헛

롯데리아
Lotteria
로테리아

파파이스
Popeyes
파파이스

재즈바
jazz bar
재즈 바

커피숍
coffee shop
커피 샾

창가자리
window seat
윈도우 씻

금연석
non smoking seat
논 스모킹 씻

흡연석
smoking seat
스모킹 씻

조용한 자리
quiet seat
콰이엇 씻

서양요리

햄버거
hamburger
햄버거

피자
pizza
핏짜

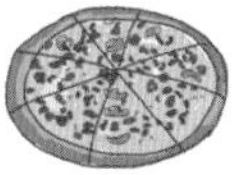

스테이크
steak
스테익

칠면조구이
roast turkey
로스트 터키

핫도그
hot dog
핫도그

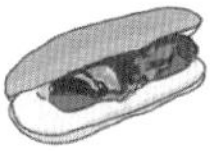

마카로니 앤 치즈
macaroni and cheese
매커로니 앤 취즈

클램 차우더
clam chowder
클램 차우더

포테이토칩
potato chips
포테이토 칩스

바비큐
barbecue
바비큐

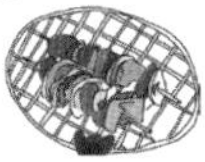

파스타
pasta
파스타

바게트
baguette
배켓

크루아상
croissant
크르와쌍

타르트
tart
타르트

크레페
crape
크레잎

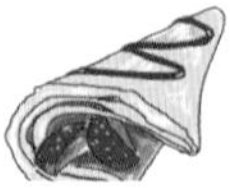

에스카르고
escargot
에스카고

푸아그라
foie gras
푸와 그라

샌드위치
sandwich
쌘드위취

파니니
panini
파니니

프라이드치킨
fried chicken
프라이드 치킨

리조또
risotto
리조토

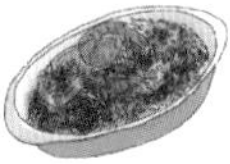

피시 앤 칩스
fish and chips
피쉬 앤 칩스

치아바타
ciabatta
춰바타

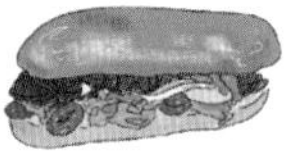

프리타타
frittata
프리타라

뇨끼
gnocchi
뇨키

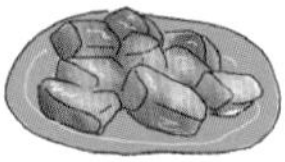

와플
waffle
와플

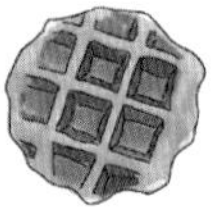

한국식당요리

라면
ramen
라멘

냉면
cold noodles
코울드 누들스

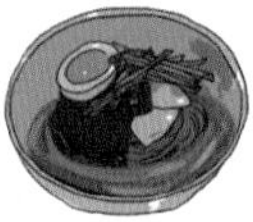

삼계탕
**samgyetang
(ginseng chicken soup)**
쥔셍 취킨 숩

된장찌개
**doenjang jjigae
(soybean paste stew)**
쏘이빈 페이스트 스튜

청국장찌개
**cheonggukjang
jjigae
(rich soybean paste stew)**
리취 쏘이빈 페이스트 스튜

순두부찌개
**sundubu jjigae
(soff tofu stew)**
쏘프트 토푸 스튜

부대찌개
budae jjigae
(sausage stew)
쏘시쥐 스튜

갈비탕
galbitang
(short rib soup)
숏 립 쑵

감자탕
gamjatang
(pork back-bone stew)
폭 백본 스튜

설렁탕
seolleongtang
(ox bone soup)
악스 본 쑵

비빔밥
bibimbap
비빔밥

돌솥비빔밥
dolsot bibimbap
(hot stone pot bibimbap)
핫 스톤 팟 비빔밥

떡볶이
tteokbokki
(stir-fried rice cake)
스테프라이드 라이스 케익

순대
sundae
(Korean sausage)
코리언 쏘시쥐

오뎅탕
odentang
(fish cake soup)
피쉬 케익 쑵

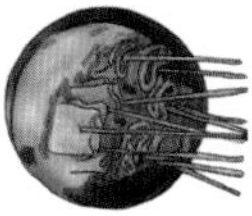

찐빵
jjinppang
(steamed bun)
스팀드 번

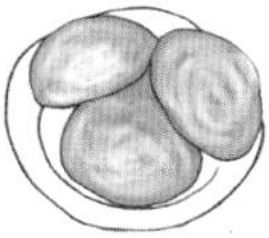

팥빙수
patbingsu(shaved ice with sweetened red beans and other toppings)
쉐입드 아이스 윗 스위트 레드 빈스 앤 아더 토핑스

떡
rice cake
라이스 케익

해물파전
haemul pajeon(seafood and green onion pancake)
씨푸드 앤 그린 어니언 팬 케익

김밥
gimbap
김밥

간장게장
**ganjang gejang
(soy sauce marinated crab)**
쏘이 쏘스 매리네이디드 크랩

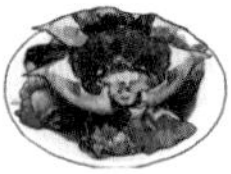

김치
kimchi
김치

삼겹살
**samgyeopsal
(grilled pork belly)**
그릴드 폭 벨리

족발
jokbal(pig's feet)
픽스 핏

요리 재료

육류
meat
미트

조류
poultry
폴트리

파충류
reptile
렙타일

해조류
seaweed
씨위드

생선
fish
피쉬

소
beef
비프

닭
chicken
치킨

새우
shrimp
쉬림프

조기
croaker
크로컬

돼지
pork
포크

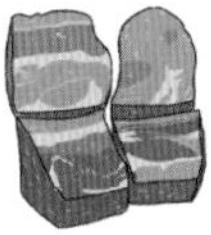

오리
duck
덕

오징어
squid
스퀴드

갈치
hairtail
헤어테일

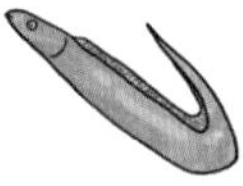

양
sheep
쉽

거위
goose
구스

게 **crab** 크랩 	잉어 **carp** 카프 	염소 **goat** 고트 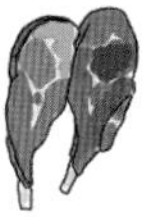
문어 **octopus** 악터퍼스 	붕어 **crucian carp** 크루션 카프 	달걀 **egg** 에그 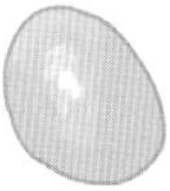
가재 **crawfish** 클뤄피쉬 	장어 **eel** 이얼 	뱀 **snake** 스네이크 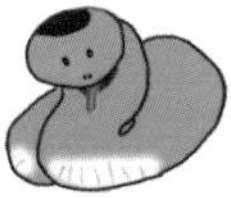
조개 **shellfish** 쉘피쉬 	개구리 **frog** 프로그 	굴 **oyster** 오이스터 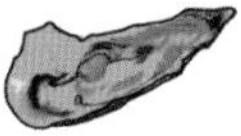
미나리 **water parsley** 워러 파슬리 	옥수수 **corn** 콘 	두부 **tofu** 토푸 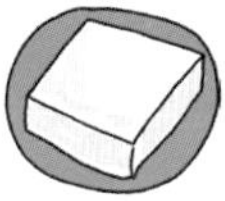
가지 **eggplant** 에그플랜트 	콩나물 **bean sprouts** 빈 스프라우츠 	송이버섯 **pine mushroom** 파인 머쉬룸 
송로버섯 **truffle** 트러플 	오이 **cucumber** 큐컴벌 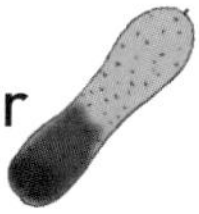	토마토 **tomato** 토메이로 

요리방식

데치다
blanch
블랜취

굽다
(빵을) bake/
(고기 등을) roast
베익/로스트

튀기다
fry
프라이

찌다
steam
스팀

무치다
season
씨즌

볶다
stir-fry
스터프라이

훈제하다
smoke
스목

끓이다
boil
보일

삶다
boil
보일

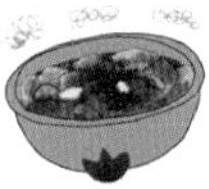

섞다
blend
블렌드

휘젓다
stir
스터

밀다
roll
롤

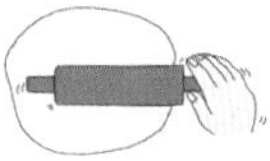

얇게 썰다
thinly slice
씬니 슬라이스

손질하다
trim
트림

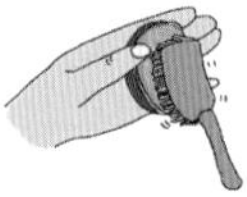

반죽하다
knead the dough
니드 더 도우

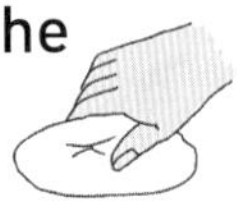

식기, 양념, 후식

그릇
bowl
보울

머그컵
mug
머그

포크
fork
포크

숟가락
spoon
스푼

접시
plate
플레이트

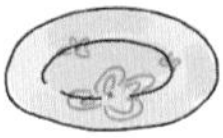

젓가락
chopsticks
찹스틱스

나이프
knife
나잎

냅킨
napkin
냅킨

국자
ladle
레이들

따뜻한 물
warm water
웜 워럴

시원한 물
ice water
아이스 워럴

소금
salt
쏠트

후추
pepper
페퍼

간장
soy sauce
쏘이 쏘스

설탕
sugar
슈거

아이스크림
ice cream
아이스 크림

커피
coffee
커피

과일
fruit
프룻츠

디저트
dessert
디절트

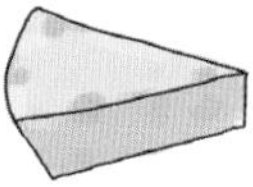

와인
wine
와인

주류

맥주
beer
비어

고량주
kaoliang wine
까우리앵 와인

하이네켄
Heineken
하이네켄

버드와이저
Budweiser
버드와이절

기네스
Guinness
기니스

소주
soju
소주

호가든
Hoegaarden
호가든

밀러
Miller
밀러

샴페인
champagne
샴페인

양주
liquor
리커

럼
rum
럼

위스키
whiskey
위스키

보드카
vodka
보드카

데킬라
tequila
데킬러

레드와인
red wine
레드 와인

화이트와인
white wine
와잇 와인

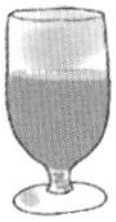

브랜디
brandy
브랜디

마티니
Martini
마티니

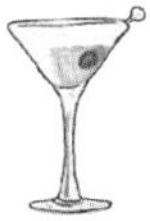

칼바도스
Calvados
캘버도스

사케
sake
사키

코냑
cognac
코냑

막걸리
makgeolli
막걸리

동동주
dongdongju
동동주

피스코
Pisco
피스코

진
Gin
진

과실주
fruit wine
프룻 와인

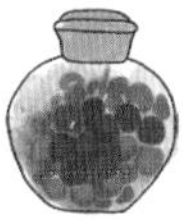

복분자주
raspberry wine
래즈베리 와인

매실주
plum wine
플럼 와인

정종
refined rice wine
리파인드 라이스 와인

칵테일
cocktail
칵테일

관광 안내

관광할 만한 곳
tourist spot
투어리스트 스팟

숙소
lodging
로징

관광 코스
tourist route
투어리스트 루트

열차표
train ticket
트레인 티킷

비행기표
plane ticket
플레인 티킷

버스표
bus ticket
버스 티킷

숙박 관련

시설이 좋은
well-furnished
웰 퍼니쉬드

저렴한
cheap
칩

조용한
quiet
콰이엇

호텔
hotel
호텔

캠핑장
camping
캠핑

게스트 하우스
guesthouse
게스트하우스

유스호스텔
youth hostel
유쓰 호스텔

민박
Bed&Breakfast
베드 앤 브렉퍼스트

여관
inn
인

에어 비앤비
AIR BNB
에어 비엔비

핵심 단어

교통이 편리한
convient for transportation
컨비니언트 포 트랜스포테이션

전망이 좋은
having a good view
해빙 어 굿 뷰

시내에 있는
in downtown
인 다운타운

호텔룸의 종류

싱글룸
single room
씽글 룸

더블룸
double room
더블 룸

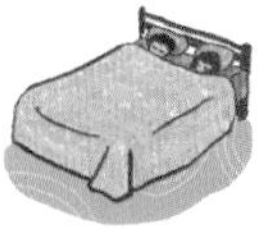

트윈룸
twin bed room
트윈 베드 룸

스위트룸
suite
스윗

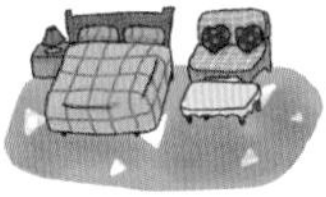

다인실
dormitory
도미토리

흡연실
smoking room
스모킹 룸

금연실
non-smoking room
넌스모킹 룸

핵심 단어

여권
passport
패스폿

입실
check-in
체크인

퇴실
check-out
체크아웃

연락처
contact information
콘택트 인포메이션

룸서비스 - 음료 및 식사

물
water
워러

커피
coffee
커피

샴페인
champagne
섐페인

와인
wine
와인

얼음
ice
아이스

식사
(a) meal
(어) 밀

룸서비스 - 기타

모닝콜
wake up call
웨이컵 콜

세탁 / 다림질 / 드라이크리닝
laundry/ironing/ dry cleaning
런드리/아이어닝/드라이 클리닝

방 청소
cleaning up my room
클리닝 업 마이 룸

식당 예약
restaurant reservation
레스토런 레져베이션

마사지
massage
머싸쥐

객실

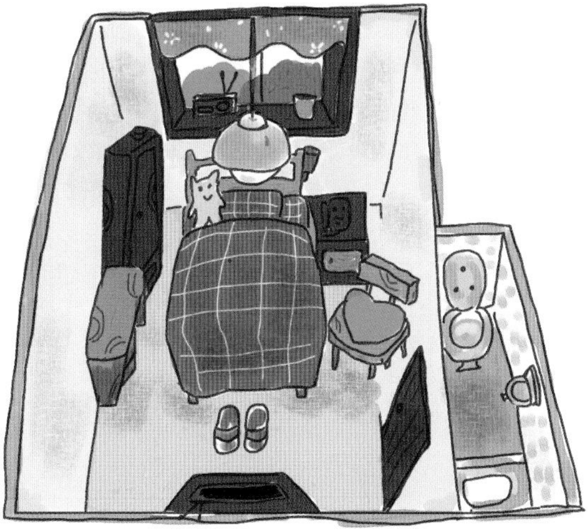

방
room
룸

전화
telephone
텔레폰

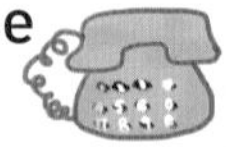

텔레비전
television
텔레비전

리모컨
remote control
리모트 컨트롤

비디오
video
비디오

냉장고
refrigerator
리프리져레이러

에어컨
air conditioner
에어 컨디셔너

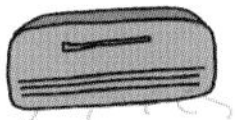

난방기
heater
히럴

전등
lamp
램프

침대
bed
베드

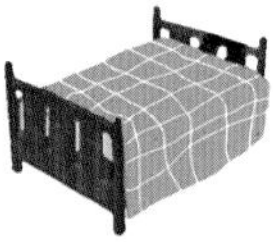

베개
pillow
필로우

담요
blanket
블랭킷

시트
sheet
시트

소파
sofa
소우파

테이블
table
테이블

커튼
curtain
커튼

티슈
tissue
티슈

헤어드라이기
hair dryer
헤어 드라이얼

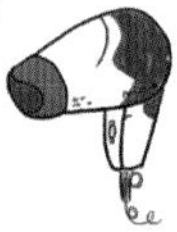

환풍기
ventilator
벤틸레이러

미니바
minibar
미니바

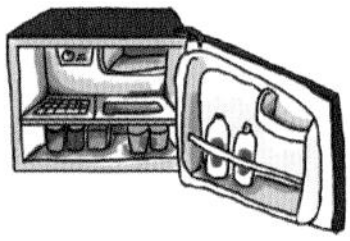

욕실

변기
toilet
토일럿

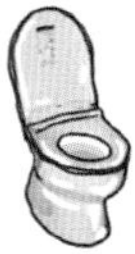

수도꼭지
faucet
퍼씻

창문
window
윈도우

샤워기
shower
샤워

휴지
toiler paper
토일럿 페이펄

샴푸
shampoo
샘푸

비누
soap
쏘웁

샤워젤
shower gel
샤워 젤

칫솔
toothbrush
투쓰브러쉬

치약
toothpaste
투쓰페이스트

욕조
bathtub
배쓰텁

세면대
sink
씽크

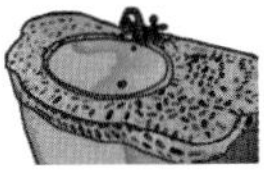

거울
mirror
미러

수건
towel
타월

부대시설

헬스클럽
fitness center
피트니스 센터

비즈니스 센터
business center
비즈니스 센터

상점
store
스토얼

사우나
sauna
싸우너

수영장
swimming pool
스위밍 풀

식당
restaurant
레스트런트

마사지샵
massage salon
머싸쥐 쌀론

우체국
post office
포스트 오피스

은행
bank
뱅크

커피숍
coffee shop
커피 숍

추가요금
extra charge
엑스트라 차지

요금
charge
차지

편지

그림엽서
postcard
포스트카드

봉투
envelope
엔벨롭

핵심 단어

수신인
addressee
애드레씨

발신인
addresser
어드레설

주소
address
애드레스

연락처
contact information
컨택 인포메이션

우편번호
zip code
집 코드

착불
collect on delivery
콜렉트 온 딜리버리

이메일 확인방법
how to check an email
하우 투 첵 언 이메일

컴퓨터 사용법
how to use the computer
하우 투 유즈 더 컴퓨터

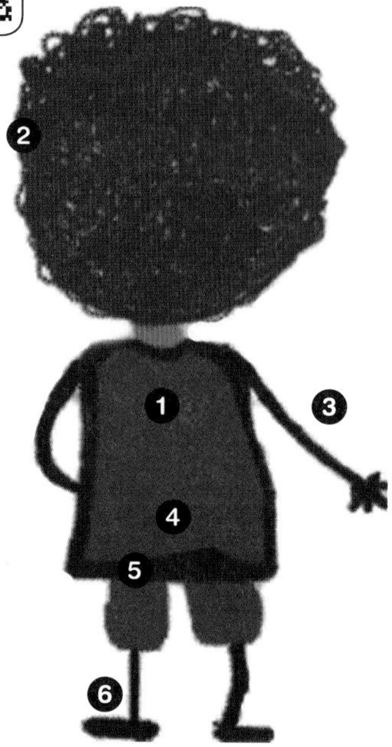

① 등 **back** 백	② 머리카락 **hair** 헤어
③ 팔 **arm** 암	④ 허리 **waist** 웨이스트
⑤ 엉덩이 **butt** 벗	⑥ 발목 **ankle** 앵클

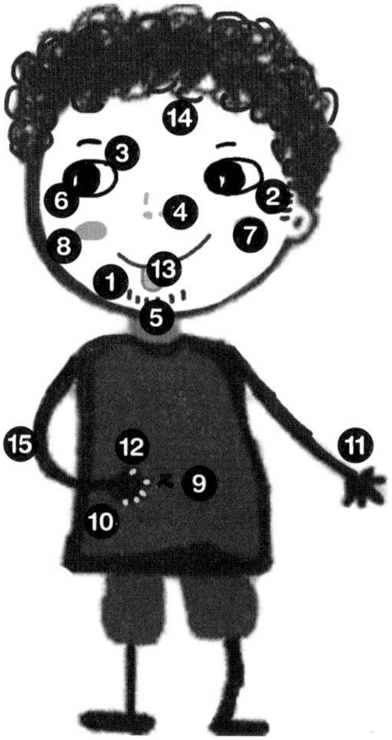

① 턱수염 **beard** 비어드	② 구레나룻 **sideburn** 사이드번	③ 눈꺼풀 **eyelid** 아이리드
④ 콧구멍 **nostril** 너스트럴	⑤ 턱 **jaw** 줘	⑥ 눈동자 **pupil** 퓨플
⑦ 목구멍 **throat** 쓰롯	⑧ 볼/뺨 **cheek** 칙	⑨ 배꼽 **bellybutton** 벨리버튼

⑩ 손톱 **nail** 네일	⑪ 손목 **wrist** 리스트	⑫ 손바닥 **palm** 팜
⑬ 혀 **tongue** 텅	⑭ 피부 **skin** 스킨	⑮ 팔꿈치 **elbow** 엘보우

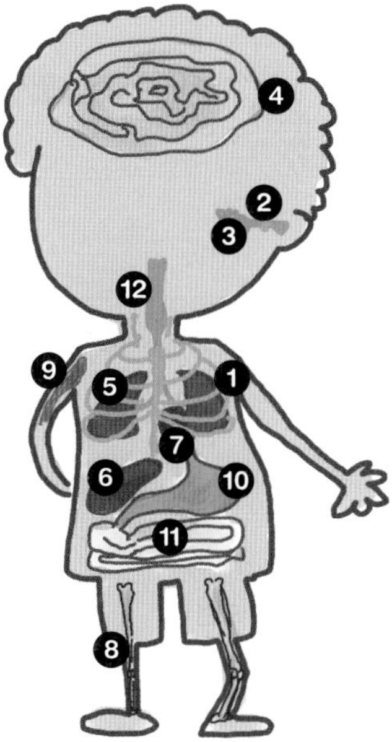

① 갈비뼈 **rib** 립	② 고막 **eardrum** 이어드럼	③ 달팽이관 **cochlea** 카클리어
④ 뇌 **brain** 브레인	⑤ 폐 **lung** 렁	⑥ 간 **liver** 리버
⑦ 심장 **heart** 할트	⑧ 다리뼈 **leg bone** 레그 본	⑨ 근육 **muscle** 머쓸
⑩ 위 **stomach** 스터먹	⑪ 대장 **large intestine** 라진테스틴	⑫ 식도 **gullet** 걸럿

병명

천식
asthma
애즈머

고혈압
high blood pressure
하이 블러드 프레셔

소화불량
indigestion
인디제스천

생리통
menstrual cramps
멘스트럴 크램스

당뇨병
diabetes
다이아비디스

알레르기
allergy
앨러쥐

심장병
heart disease
할트 디지스

맹장염
appendicitis
어펜디사이디스

위염
gastritis
게스트라이디스

감기
cold
코울드

배탈
stomachache
스터먹에익

설사병
diarrhea
다이어리어

장티푸스
typhoid
타이포이드

결핵
tuberculosis
투버큘러시스

고산병
altitude sickness
앨티튜드 씩니스

광견병
rabies
레이비스

뎅기열
dengue fever
덴기 피버

저체온증
hypothermia
하이포써미아

폐렴
pneumonia
누모우니어

식중독
food poisoning
푸드 포이즈닝

기관지염
bronchitis
브랑카이디스

열사병
heatstroke
힛스트록

치통
toothache
투쎄익

간염
hepatitis
헤퍼타이디스

약명

아스피린
aspirin
애스피린

소화제
digestive medicine
다이제스티브 메디슨

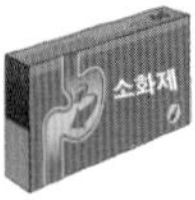

위장약
antacid
앤태씨드

반창고
band-aid
밴드에이드

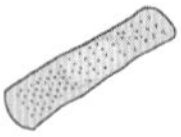

수면제
sleeping pill
슬리핑 필

진통제
pain reliever/ analgesic
페인 릴리버/애널쥐직

해열제
fever reducer/ antipyretic
피버 리듀써/ 안티페이레틱

멀미약
motion sickness reliever
모션 씩니스 릴리버

기침약
cough medicine
콥 메디슨

지혈제
styptic
스팁틱

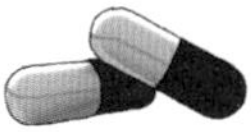

소염제
anti inflammatory drug
앤티 인플래머토리 드럭

소독약
antiseptic
앤디셉틱

변비약
laxative
랙서팁

안약
eye drops
아이 드랍스

붕대
gauze
거즈

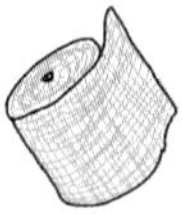

지사제
antidiarrheal
안티다이어리얼

감기약
cold medicine
콜드 메디쓴

소지품

지갑
wallet
월릿

여권
passport
패스포트

신용카드
credit card
크레딧 카드

가방
bag
백

돈
money
머니

보석
jewel
쥬얼

수표
check
첵

신분증
identification card
아이덴티피케이션 카드

귀중품
valuables
밸류어블즈

만남의 인사

안녕하세요.
How are you?
하와 유

안녕하세요.(아침 인사)
Good morning.
굿모닝

안녕하세요.(점심 인사)
Good afternoon.
굿 애프터눈

안녕하세요.(저녁 인사)
Good evening.
굿 이브닝

안녕히 주무세요.
Good night.
굿 나잇

처음 뵙겠습니다.
How do you do?
하우 두 유 두

만나뵙고 싶었습니다.
I wanted to see you.
아이 워니드 투 씨 유

만나서 반가워요.
Nice to meet you.
나이스 투 미츄

오랜만이에요.
It's been a long time.
잇츠 빈 어 롱 타임

잘 지내셨어요?
How have you been?
하우 해뷰 빈

우연한 만남

어쩐 일로 여기 오셨어요?
What brings you here?
왓 브링즈 유 히얼

어머, (안나) 씨죠!
Oh, (Anna)?
오 (안나)

안부 인사

어떻게 지내셨어요?
How have you been?
하우 해 뷰 빈

다들 건강하시죠?
Are you guys staying healthy?
아 유 가이즈 스테잉 헬띠

잘 지내요. / 늘 그래요.
Quite well, thank you. / Same as ever.
콰잇 웰 땡큐 / 쎄임 애즈 에버

헤어질 때 인사

안녕히 가세요.
Goodbye.
굿바이

종종 연락해요.
Stay in touch.
스테이 인 터치

또 만나요.
See you again.
씨 유 어게인

만나서 반가웠어요.
It was nice to meet you.
잇 워즈 나이스 투 미츄

생일
birthday
벌쓰데이

결혼
wedding
웨딩

합격
pass
패스

승진
promotion
프러모션

졸업
graduation
그래듀에이션

멋져요!
How wonderful!
하우 원더풀

훌륭해요!
It's great.
잇츠 그레잇

굉장해요!
It's amazing.
잇츠 어메이징

대단해요!
Great.
그레잇

귀여워요!
It's cute.
잇츠 큐트

예뻐요!
It's pretty.
잇츠 프리티

아름다워요!
It's beautiful.
잇츠 뷰리풀

최고예요!
It's the best.
잇츠 더 베스트

참 잘했어요!
Great job.
그레잇 잡

새해 복 많이 받으세요.
Happy New Year.
해피 뉴 이얼

즐거운 크리스마스 되세요.
Merry Christmas.
메리 크리스마스

행운을 빌어요.
Good luck.
굿 럭

탄생석

가넷
garnet
가닛

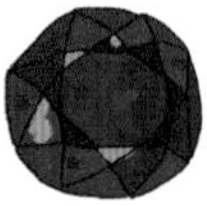

자수정
violet
바이얼럿 쿼츠

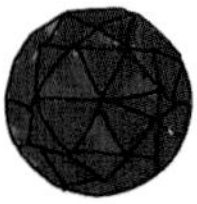

아쿠아마린
aquamarine
아쿼마린

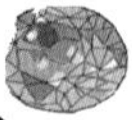

다이아몬드
diamond
다이어먼드

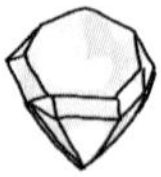

에메랄드
emerald
에머럴드

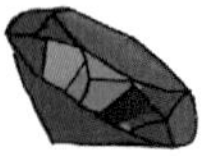

진주
pearl
펄

루비
ruby
루비

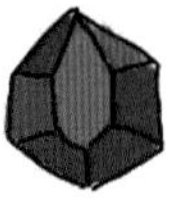

페리도트
peridot
페러닷트

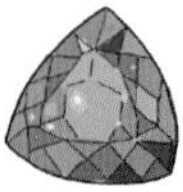

사파이어
sapphire
싸파이어

오팔
opal
오우플

토파즈
topaz
토패즈

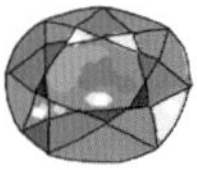

터키석
turquoise
터퀘이즈

직업

간호사
nurse
널스

약사
pharmacist
파머씨스트

의사
doctor
닥터

가이드
tour guide
투어 가이드

선생님 / 교사
teacher
티쳐

교수
professor
프로페써

가수
singer
씽어

음악가
musician
뮤지션

화가
painter
페인터

소방관
fire fighter
파이어 파이터

경찰관
police officer
폴리스 오피써

공무원
civil servant
씨빌 써번트

요리사
cook
쿡

디자이너
designer
디자이너
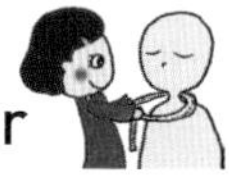

승무원
flight attendant
플라잇 어텐던트

판사
judge
져지

검사
prosecutor
프로씨큐터

변호사
lawyer
러여

사업가
businessman
비즈니스맨

회사원
company employee
컴퍼니 임플로이

학생
student
스튜든트

운전기사
driver
드라이버

농부
farmer
파머

가정주부
homemaker
홈메이커

작가
writer
롸이러

정치가
politician
폴리티션

세일즈맨
salesman
쎄일즈맨

미용사
hairdresser
헤어드레서

군인
soldier
솔져

은행원
bank clerk
뱅클럭

엔지니어
engineer
엔지니어

통역원
interpreter
인터프리러

비서
secretary
씨크리터리

회계사
accountant
어카운턴트

이발사
barber
바버

배관공
plumber
플러머

수의사
veterinarian
베터내리언

건축가
architect
아키텍트

편집자
editor
에디더

성직자
priest
프리스트

심리상담사
psychology counselor
사이컬러지 카운슬러

형사
police detective
폴리스 디텍티브

방송국PD
producer
프로듀써

카메라맨
cameraman
캐머러맨

예술가
artist
아리스트

영화감독
film director
퓜 디렉터

영화배우
actor /actress
액터/액트리스

운동선수
athlete
애쓸릿

목수
carpenter
카펜터

프리랜서
freelancer
프리랜써

별자리

양자리
Aries
에리스

황소자리
Taurus
토러스

쌍둥이자리
Gemini
져미나이

게자리
Cancer
캔써

사자자리
Leo
리오

처녀자리
Virgo
버고

천칭자리
Libra
리브러
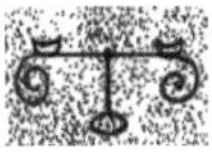

전갈자리
Scorpio
스콜피오

사수자리
Sagittarius
사지테리어스

염소자리
Capricorn
캐프리콘

물병자리
Aquarius
어퀘리어스

물고기자리
Pisces
파이씨스

혈액형

A형
type A
타입 에이

B형
type B
타입 비

O형
type O
타입 오

AB형
type AB
타입 에이비

동물

사슴
deer
디어

고양이
cat
캣

팬더, 판다
panda
팬다

사자
lion
라이언

호랑이
tiger
타이거

기린
giraffe
쥐래프

곰
bear
베어

다람쥐
squirrel
스쿼럴

낙타
camel
캐멀

염소
goat
고우트

표범
leopard
레퍼드

여우
fox
팍스

늑대
wolf
울프

고래
whale
웨일

코알라
koala
코알라

양
sheep
쉽

코끼리
elephant
엘리펀트

돼지
pig
피그

말
horse
홀스

원숭이
monkey
멍키

하마
hippo
히포

얼룩말
zebra
지브러

북극곰
polar bear
포울러 베어

바다표범
seal
씰

두더지
mole
모울

개
dog
도그

코뿔소
rhino
라이노

쥐
mouse
마우스

소
cow
카우

토끼
rabbit
래빗

레드판다
red panda
레드 팬다

캥거루
kangaroo
캥거루

박쥐
bat
뱃

모기
mosquito
머스끼토우

파리
fly
플라이

벌
bee
비

잠자리
dragonfly
드래건플라이

거미
spider
스파이더

매미
cicada
씨캐이더

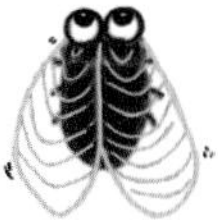

바퀴벌레
cockroach
칵크로취

귀뚜라미
cricket
크리킷

풍뎅이
beetle
비틀

무당벌레
ladybug
레이디벅

반딧불이
firefly
파이어플라이

메뚜기
grasshopper
그래스하퍼

개미
ant
앤트

사마귀
praying mantis
프레잉 맨티스

나비
butterfly
버러플라이

전갈
scorpion
스콜피언

소금쟁이
pond skater
판 스케이터

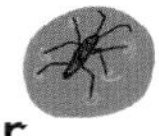

독수리
eagle
이글

부엉이
owl
아월

매
falcon
펠컨

까치
magpie
맥파이

까마귀
crow
크로우

참새
sparrow
스패로우

학
crane
크레인

오리
duck
덕

펭귄
penguin
펭귄

제비
swallow
스왈로우

닭
chicken
치킨

공작
peacock
피콕

앵무새
parrot
페럿

기러기
wild goose
와일구스

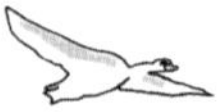

거위
goose
구스

비둘기
dove
도브

딱따구리
woodpecker
우드페커

보아뱀
boa constrictor
보워 컨스트릭터

도마뱀
lizard
리저드

이구아나
iguana
이구아나

코브라
cobra
코우브러

두꺼비
toad
토우드

올챙이
tadpole
태드포울

도롱뇽
salamander
샐러맨더

개구리
frog
프러그

악어
crocodile
크라커다일

거북이
turtle
터를

뱀
snake
스네익

지렁이
earthworm
어쓰웜

카멜레온
chameleon
커밀리언

취미

영화감상
watching movies
와칭 무비스

음악감상
listening to music
리스닝 투 뮤직

여행
travel
트래블

독서
reading
리딩

춤추기
dancing
댄씽

노래부르기
singing
씽잉

운동
exercise
엑써싸이즈

등산
hiking
하이킹

스쿠버다이빙
scuba diving
스쿠버 다이빙

악기 연주
playing an instrument
플레잉 언 인스트러먼트

요리
cooking
쿠킹

사진 찍기
taking pictures
테이킹 픽춰스

정원 가꾸기
gardening
가드닝

우표 수집
stamp collecting
스탬프 컬렉팅

낚시
fishing
피싱

십자수
cross-stitching
크로쓰티칭

TV보기
watching TV
와칭 티비

드라이브
driving
드라이빙

골프
golf
골프

빈둥거리기
relaxing
릴렉싱

성격

명랑한
cheerful
치어풀

상냥한
gentle
젠틀

친절한
kind
카인드

당당한
confident
컨피던트

야무진
skilled
스킬드

고상한
elegant
엘레간트

대범한
bold
볼드

눈치가 빠른
quick-witted
퀵위디드

솔직한
straightforward
스트레잇포워드

적극적인
active
액티브

사교적인
sociable
쏘셔블

덜렁거리는
clumsy
클럼지

보수적인
conservative
컨서버티브

뻔뻔한
brazen
브레이즌

긍정적인
positive
파저티브

다혈질인
hot-tempered
핫템퍼드

허풍 떠는
bragging
브래깅

소극적인
passive
패시브

꼼꼼한
meticulous
머티큘러스

겁이 많은
cowardly
코워들리

개방적인
open
오픈

심술궂은
bad-tempered
베드템퍼드

부정적인
negative
네거티브

냉정한
level-headed
레벌 헤디드

소심한
timid
티미드

너그러운
generous
제너러스

겸손한
modest
마디스트

부지런한
diligent
딜리전트

동정심이 많은
sympathetic
씸퍼쎄릭

인정이 많은
kindhearted
카인허디드

버릇없는
ill-mannered
일매너드

잔인한
cruel
크루얼

거만한
proud
프라우드

유치한
childish
촤일디쉬

내성적인
introverted
인트로버디드

외향적인
extroverted
엑스트로버디드

가족

친할아버지
paternal grandfather
퍼터널 그랜파더

외할아버지
maternal grandfather
머터널 그랜파더

친할머니
paternal grandmother
퍼터널 그랜마더

외할머니
maternal grandmother
머터널 그랜마더

아빠
father/dad
파더/댇

엄마
mother/mom
마더/맘

형, 오빠
elder brother
엘더 브라더

누나, 언니
elder sister
엘더 시스터

나
I/me
아이/미

여동생
younger sister
영거 시스터

남동생
younger brother
영거 브라더

남편
husband
허즈번드

부인
wife
와잎

아들
son
썬

딸
daughter
도러

며느리
daughter-in-law
도러인러

사위
son-in-law
썬인러

손자
grandson
그랜썬

손녀
granddaughter
그랜도러

감정

기분 좋은
delighted
딜라이티드

통쾌한
elated
일레이티드

흥분한
excited
익싸이디드

행복한
happy
해피

즐거운
pleased
플리즈드

좋은
good
굳

기쁜
glad
글래드

자랑스러운
proud
프라우드

짜릿한
thrilled
쓰릴드

감격한
deeply moved
딥플리 뭅드

부끄러운
ashamed
어쉐임드

난처한
embarrassed
임베러스드

외로운
lonely
론니

관심 없는
uninterested
언인터레스티드

화난
angry
앵그리

무서운
scared
스케어드

불안한
uneasy
어니지

피곤한
tired
타이어드

불쾌한
unpleased
언플리즈드

괴로운
distressed
디스트레스드

지루한
bored
볼드

슬픈
sad
새드

원통한
mortified
몰티파이드

비참한
miserable
미즈러블

짜증난
annoyed
어노이드

걱정되는
worried
워리드

불편한
uncomfortable
언컴퍼터블

놀란
surprised
서프라이즈드

질투나는
jealous
젤러스

핵심 단어

재미있는
funny
퍼니

무기력한
spiritless
스피릿러스

사랑해요
love
러브

싫어해요
hate
헤잇

행운을 빌어요
Lots of luck
랏쵸보 럭

고마워요
Thank you
쌩큐

세수해요
wash one's face
와쉬 원스 페이스

청소해요
clean
클린

빨래해요
wash
와쉬

자요
sleep
슬립

일어나요
wake up
웨이크 업

먹어요
eat
잇

마셔요
drink
드링크

요리해요
cook
쿡

설거지해요
do the dishes
두 더 디쉬스

양치질해요
brush one's teeth
브러쉬 원스 티쓰

샤워해요
shower
샤워

옷을 입어요
get dressed
겟 드레스드

옷을 벗어요
take off
테이커프

와요
come
컴

가요
go
고

앉아요
sit
씻

서요
stand
스탠드

걸어요
walk
워크

달려요
run
런

놀아요
play
플레이

일해요
work
워크

웃어요
laugh
래프

울어요
cry
크라이

나와요
come out
컴 아웃

들어가요
enter
엔터

물어요
ask
에스크

대답해요
answer
앤써

멈춰요
stop
스탑

움직여요
move
무브

올라가요
go up
고 업

내려와요
go down
고 다운

박수 쳐요
clap
클랩

찾아요
look for
룩 포

춤춰요
dance
댄스

흔들어요
shake
쉐익

뛰어올라요
jump
점프

넘어져요
fall
펄

읽어요
read
리드

써요
write
라잇

싸워요
fight
파잇

말다툼해요
argue
아규

인사해요
greet
그릿

대화해요
talk
톡

던져요
throw
쓰로우

잡아요
catch
캐취

시

1시 **one** 원	2시 **two** 투	3시 **three** 뜨리
4시 **four** 포	5시 **five** 파이브	6시 **six** 씩스
7시 **seven** 쎄븐	8시 **eight** 에잇	9시 **nine** 나인
10시 **ten** 텐	11시 **eleven** 일레븐	12시 **twelve** 투웰브

분

1분 **one** 원	2분 **two** 투	3분 **three** 뜨리	4분 **four** 포
5분 **five** 파이브	6분 **six** 식스	7분 **seven** 세븐	8분 **eight** 에잇
9분 **nine** 나인	10분 **ten** 텐	11분 **eleven** 일레븐	12분 **twelve** 투웰브

13분 **thirteen** 떨틴	14분 **fourteen** 포틴	15분 **fifteen** 피프틴	16분 **sixteen** 식스틴
17분 **seventeen** 세븐틴	18분 **eighteen** 에잇틴	19분 **nineteen** 나인틴	20분 **twenty** 투웨니
21분 **twenty-one** 투웨니 원	22분 **twenty-two** 투웨니 투	23분 **twenty-three** 투웨니 뜨리	24분 **twenty-four** 투웨니 포
25분 **twenty-five** 투웨니 파이브	26분 **twenty-six** 투웨니 식스	27분 **twenty-seven** 투웨니 세븐	28분 **twenty-eight** 투웨니 에잇
29분 **twenty-nine** 투웨니 나인	30분 **thirty** 써리	31분 **thirty-one** 써리 원	32분 **thirty-two** 써리 투
33분 **thirty-three** 써리 뜨리	34분 **thirty-four** 써리 포	35분 **thirty-five** 써리 파이브	36분 **thirty-six** 써리 식스
37분 **thirty-seven** 써리 세븐	38분 **thirty-eight** 써리 에잇	39분 **thirty-nine** 써리 나인	40분 **forty** 포리

41분 **forty-one** 포리 원	42분 **forty-two** 포리 투	43분 **forty-three** 포리 뜨리	44분 **forty-four** 포리 포
45분 **forty-five** 포리 파이브	46분 **forty-six** 포리 식스	47분 **forty-seven** 포리 세븐	48분 **forty-eight** 포티 에잇
49분 **forty-nine** 포리 나인	50분 **fifty** 피프티	51분 **fifty-one** 피프티 원	52분 **fifty-two** 피프티 투
53분 **fifty-three** 피프티 뜨리	54분 **fifty-four** 피프티 포	55분 **fifty-five** 피프티 파이브	56분 **fifty-six** 피프티 식스
57분 **fifty-seven** 피프티 세븐	58분 **fifty-eight** 피프티 에잇	59분 **fifty-nine** 피프티 나인	

핵심 단어

오전 **morning** 모닝	오후 **afternoon** 애프터눈	아침 **morning** 모닝
점심 **lunch** 런치	저녁 **evening** 이브닝	밤 **night** 나잇

봄 **spring** 스프링 	3월 **March** 마취	4월 **April** 에이프럴	5월 **May** 메이

여름
summer
써머

6월
June
준

7월
July
줄라이

8월
August
어거스트

가을
fall
펄

9월
September
셉템버

10월
October
악토버

11월
November
노벰버

겨울
winter
윈터

12월
December
디셈버

1월
January
재뉴어리

2월
February
페브러리

일

1일
first
펄스트

2일
second
쎄컨드

3일
third
써드

4일
fourth
폴쓰

5일 **fifth** 핍쓰	6일 **sixth** 씩쓰	7일 **seventh** 쎄븐쓰	8일 **eighth** 에잇쓰
9일 **ninth** 나인쓰	10일 **tenth** 텐쓰	11일 **eleventh** 일레븐쓰	12일 **twelfth** 트웰프쓰
13일 **thirteenth** 썰틴쓰	14일 **fourteenth** 폴틴쓰	15일 **fifteenth** 핍틴쓰	16일 **sixteenth** 씩스틴쓰
17일 **seventeenth** 쎄븐틴쓰	18일 **eighteenth** 에이틴쓰	19일 **nineteenth** 나인틴쓰	20일 **twentieth** 트웬티쓰
21일 **twenty first** 트웬티 펄스트	22일 **twenty second** 트웬티 쎄컨드	23일 **twenty third** 트웬티 써드	24일 **twenty fourth** 트웬티 폴쓰
25일 **twenty fifth** 트웬티 핍쓰	26일 **twenty sixth** 트웬티 씩쓰	27일 **twenty seventh** 트웬티 쎄븐쓰	28일 **twenty eighth** 트웬티 에잇쓰
29일 **twenty ninth** 트웬티 나인쓰	30일 **thirtieth** 썰티쓰	31일 **thirty first** 썰티 펄스트	

요일

월요일
Monday
먼데이

화요일
Tuesday
투스데이

수요일
Wednesday
웬즈데이

목요일
Thursday
썰스데이

금요일
Friday
프라이데이

토요일
Saturday
쌔러데이

일요일
Sunday
썬데이

핵심 단어

지난주
last week
래스트 윅

이번 주
this week
디스 윅

다음 주
next week
넥스트 윅

어제
yesterday
예스터데이

오늘
today
투데이

내일
tomorrow
투마로우

내일모레
day after tomorrow
데이 애프터 투마로우

맑은
clear
클리어

따뜻한
warm
웜

화창한
sunny
써니

더운
hot
핫

흐린
cloudy
클라우디

안개 낀
foggy
퍼기

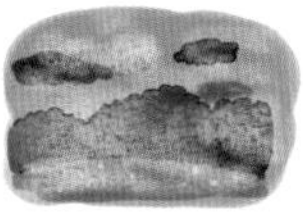

비가 오는
rain
뤠인

습한
humid
휴미드

바람이 부는
windy
윈디

시원한
cool
코울드

눈이 내리는
snowy
스노이

선선한
cool
쿨

쌀쌀한
chilly
칠리

추운
cold
코울드

핵심 단어

해
sun
썬

구름
clould
클라우드

비
rain
레인

바람
wind
윈드

눈
snow
스노우

고드름
icicle
아이씨클

별
star
스타

달
moon
문

서리
frost
프로스트

장마
rainy season
레이니 씨즌

번개
lightning
라잇닝

천둥
thunder
썬더

태풍
hurricane
허리케인

얼음이 얼어요
ice forms
아이스 폼즈

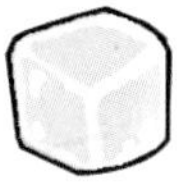

비가 그쳐요
rain stops
레인 스탑스

무지개가 떠요
rainbow rises
뤠인보우 롸이지즈

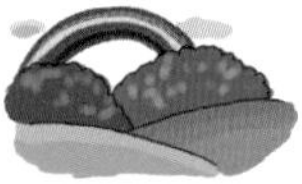

0 영
zero
지로

1 일
one
원

2 이
two
투

3 삼
three
뜨리

4 사
four
뽀

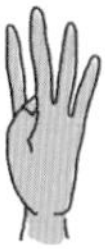

5 오
five
빠이브

6 육
six
식스

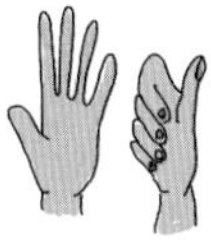

7 칠
seven
세븐

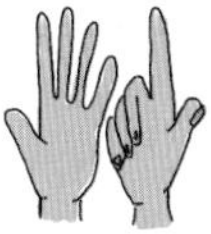

8 팔
eight
에잇

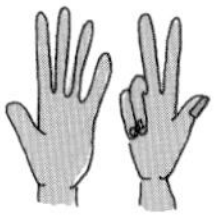

9 구
nine
나인

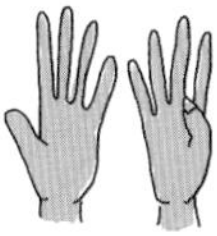

10 십
ten
텐

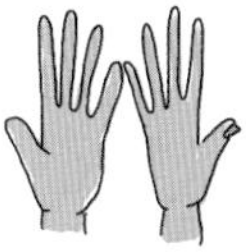

20 이십
twenty
투웨니

30 삼십
thirty
써리

40 사십
fourty
포리

50 오십
fifty
피프티

60 육십
sixty
식스티

70 칠십
seventy
세븐티

80 팔십
eighty
에잇티

90 구십
ninety
나인티

100 백
hundred
헌드레드

1,000 천
thousand
따우전드

10,000 만
ten thousand
텐 따우전드

100,000 십만
one hundred thousand
원 헌드레드 따우전드

1,000,000 백만
million
밀리언

10,000,000 천만
ten million
텐 밀리언

하루(1일) **one day** 원 데이	이틀(2일) **two days** 투 데이즈	사흘(3일) **three days** 뜨리 데이즈	나흘(4일) **four days** 포 데이즈
닷새(5일) **five days** 파이브 데이즈	엿새(6일) **six days** 식스 데이즈	이레(7일) **seven days** 세븐 데이즈	여드레(8일) **eight days** 에잇 데이즈
아흐레(9일) **nine days** 나인 데이즈	열흘(10일) **ten days** 텐 데이즈	일주일 **one week** 원 위크	2주일 **two weeks** 투 윅스
한 달 **one month** 원 먼쓰	두 달 **two months** 투 먼쓰	일 년 **one year** 원 이얼	이 년 **two years** 투 이얼스

영어 **English** 잉글리쉬 ABCD EFGH	한국어 **Korean** 코리안 가나다라 마바사아	중국어 **Chinese** 차이니즈 谢谢你。 对不起。

맛있는
delicious
딜리셔스

맛없는
not tasty
낫 테이스티

싱거운
bland
블랜드

뜨거운
hot
핫

단
sweet
스윗

짠
salty
솔티

매운
hot
핫

얼큰한
spicy
스파이시

신
sour
사워

쓴
bitter
비터

떫은
bitter
비터

느끼한
greasy
그리시

고소한
nutty
너리

담백한
mild
마일드

비린
fishy
피쉬

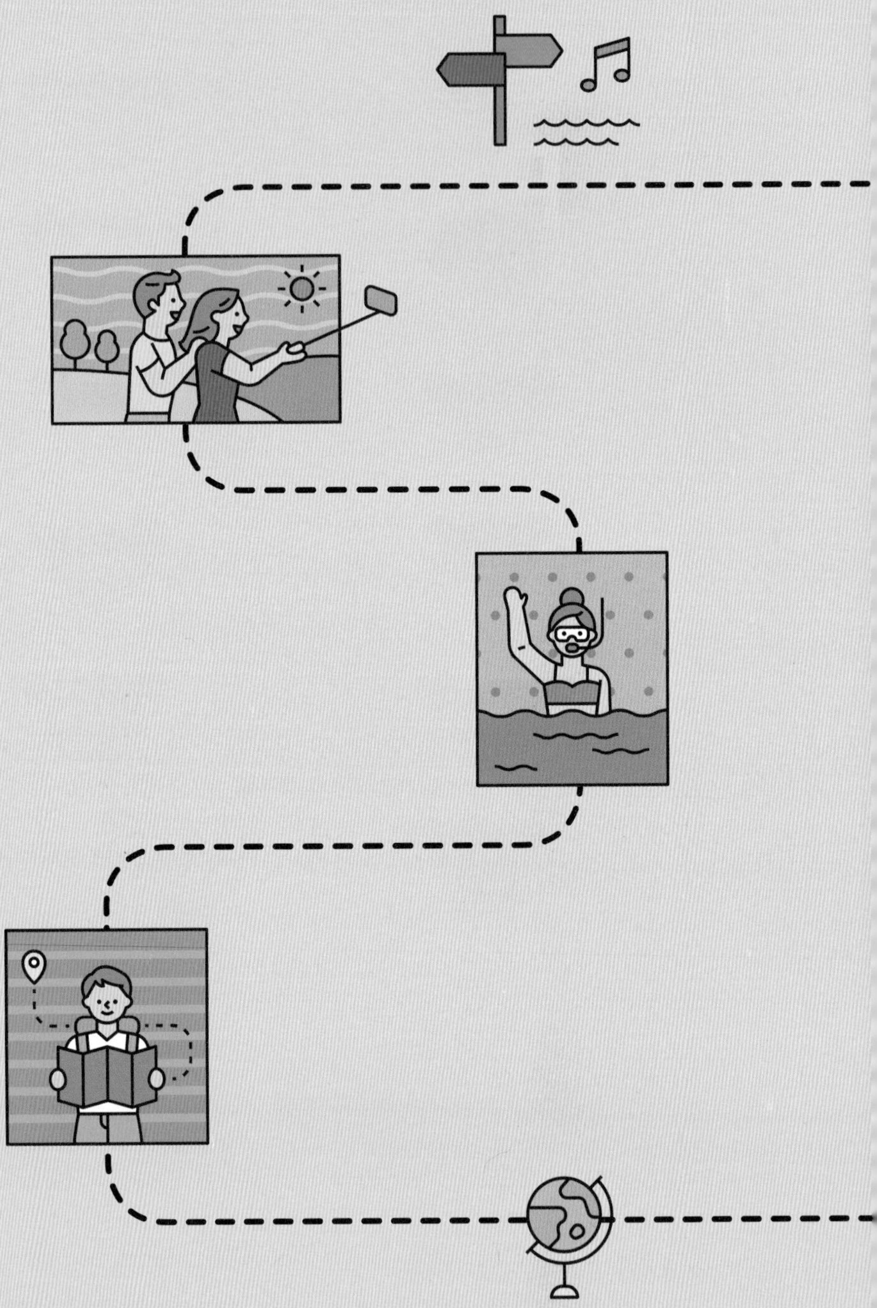

PART 2

Chapter 01 출발, 도착

Unit 01. 기내에서

❶ 자리 찾기

바꿔말하기

창문 좌석 입니다.

This is a window seat .

디스 이즈 (윈도우 씻)

비행기 기내

① 창문 **window** 윈도우	② 승무원 **flight attendant** 플라잇 어텐던트	③ 머리 위의 짐칸 **overhead bin** 오버헤드 빈
④ 에어컨 **air conditioner** 에어 컨디셔너	⑤ 조명 **lighting** 라이팅	⑥ 모니터 **monitor** 마니터

⑦ 좌석(자리) **seat** 씻	⑧ 구명조끼 **life jacket** 라입 재킷	⑨ 호출버튼 **call button** 콜 버튼
⑩ 안전벨트 **safety belt** 세이프리 벨트	⑪ 짐 **luggage** 러기쥐	⑫ 통로 **aisle** 아일
⑬ 비상구 **emergency exit** 이머젼씨 엑씻	⑭ 화장실 **restroom** 레스트룸	⑮ 이어폰 **earphones** 이어폰즈

핵심문장 익히기

- 제 자리입니다.
  This is my seat.
  디스 이즈 마이 씻

- 제 자리를 좀 안내해주세요.
  Please show me my seat.
  플리즈 쇼우 미 마이 씻

- 제 자리는 어디인가요?
  Where is my seat?
  웨어 이즈 마이 씻

- 창가[통로] 자리를 원해요.
  Can I get a window[an aisle] seat?
  캔 아이 겟 어 윈도우[언 아일] 씻

• 의자를 젖혀도 될까요?

May I recline my seat?

메이 아이 리클라인 마이 씻

• 자리를 좀 찾아주시겠어요?

Could you help me find my seat?

쿠쥬 헬 미 파인 마이 씻

• 오른쪽 앞에서 5번째 창가 좌석이십니다.

It is fifth from the front, window seat on the right.

잇 이즈 핍쓰 프럼 프런트 윈도우 씻 온 더 롸잇

• 짐을 올려주시겠어요?

Can you help me put my bag up?

쿠쥬 헬 미 풋 마이 백 업

• 죄송하지만 자리를 바꿔주실 수 있나요?

Would you mind switching seats with us?

우쥬 마인드 스위칭 씨츠 위더스

• 지나가도 될까요?

Can I get through?

캔 아이 겟 쓰루

❷ 기내 서비스

1. 승무원에게 서비스를 요구할 때

바꿔 말하기

신문 주세요.

Could you bring me a **newspaper** , please?

쿠쥬 브링 미 어 (뉴스페이퍼) 플리즈

기내 서비스 물품				
신문 newspaper 뉴스페이퍼 	한글 Korean 코리안	영어 English 잉글리쉬	일어 Japanese 재패니스	중문 Chinese 차이니스
면세품 목록 duty-free list 듀티프리 리스트 			잡지 magazine 매거진 	
담요 blanket 블랭킷 			베개 pillow 필로우 	
입국카드 customs card 커스텀스 카드 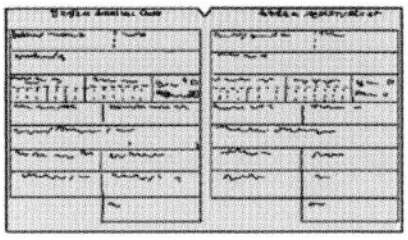			티슈 tissue 티슈 	

▶ 기내 서비스 – 신문

A: 저기요. (승무원)

Excuse me, sir.

익스큐즈 미 썰

B: 무엇을 도와드릴까요?

May I help you?

메아이 헬퓨

A: (신문) 주세요.

Could you bring me a (newspaper)?

쿠쥬 브링 미 어 (뉴스페이펄)

핵심문장 익히기

- 언제 도착하나요?

  When will we arrive at our destination?

  웬 윌 위 얼라이브 앳 아워 데스티네이션

- 몸이 불편해요. 도와주세요

  I feel sick, please help me.

  아이 필 씩 플리즈 헬 미

2. 음료나 음식을 요청할 때

바꿔말하기

음료수 주세요.

Please bring me a drink .

플리즈 브링 미 어 (드링크)

음료, 식사 관련

음료수 **drink** 드링크 	망고 주스 **mango juice** 맹고우 주스 	콜라 **Coke** 코우크 
오렌지주스 **orange juice** 어린쥐 쥬스 	우유 **milk** 밀크 	커피 **coffee** 커피 
맥주 **beer** 비어 	물 **water** 워러 	기내식 **in-flight meal** 인플라잇 밀 
포크 **fork** 포크 	나이프 **knife** 나잎 	젓가락 **chopsticks** 찹스틱스 

▶ 기내 서비스 – 음료 또는 음식

A: 무엇으로 드시겠어요?

What would you like?

왓 우쥬 라익

어떤 음료수를 드시겠어요?

What would you like to drink?

왓 우쥬 라익 투 드링크

B: 어떤 요리가 있나요?

What kind of food do you have?

왓 카인덥 푸드 두 유 햅

A: 닭고기와 소고기 요리가 있습니다.

We have two choices of chicken and beef.

위 해브 투 초이시스 오브 치킨 앤 비프

B: 닭고기 요리 주세요.

Chicken, please.

치킨 플리즈

고맙지만 식사 안 할게요.

Thanks but I don't need any food.

땡스 벗 아이 돈 니드 애니 푸드

A: 치워드릴까요?

Can I take this?

캔 아이 테익 디스

B: 치워주세요.

Yes, please.

예스 플리즈

나중에 치워주세요.

Please come back later.

플리즈 컴 백 레이러

잘 먹었습니다.

Thanks for the meal.

땡스 포 더 밀

와인 한 잔 더 주세요.

Please give me another glass of wine.

플리즈 깁미 어너더 글라스 오브 와인

좀 더 주세요.

Please give me some more.

플리즈 깁미 썸 모어

3. 기내 면세품을 구입할 때

바꿔 말하기

담배 주세요.

Please bring me a cigarette.

플리즈 브링 미 어 (씨거렛)

기내 면세품

담배 cigarette 씨거렛 	술 alcohol 앨커헐 	화장품 cosmetics 코스메틱스 
향수 perfume 퍼퓸 	손목시계 wristwatch 리슷와취 	목걸이 necklace 넥클러스 

핵심문장 익히기

- 이것으로 주세요.

  Please bring me this.

  플리즈 브링 미 디스

- 면세품 판매는 언제 하나요?

  When do you sell duty-free goods?

  웬 두 유 셀 듀티 프리 굿즈

- 카탈로그를 보여주시겠어요?

  Could you show me the catalog?

  쿠쥬 쇼우 미 더 캐탈로그

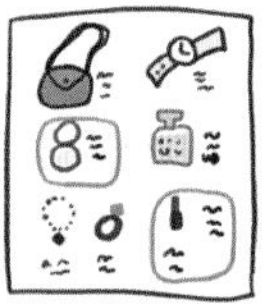

- 가격이 얼마예요?

  How much is this?

  하우 머취 이즈 디스

입국카드

DEPARTMENT OF HOMELAND SECURITY
U.S. Customs and Border Protection

OMB No. 1651-0111

미국에 오신 것을 환영합니다
I-94 입국/출국 기록
작성 지침

미국 국민, 미국 영주권자, 이민비자를 소지한 외국인, 미국을 방문 또는 통과하는 캐나다 국민을 제외한 모든 입국자는 본 양식을 작성해야 합니다.

영어 대문자로 정확히 읽을 수 있도록 작성하십시오. 영어만 쓰시고 양식의 뒷면에는 기입하지 마십시오.

이 양식은 두 부분으로 구성되었습니다. 입국 기록(항목 1에서 17까지)과 출국 기록(항목 18 에서 21 까지)을 모두 작성하십시오.

모든 항목을 작성한 후 이 양식을 CBP 직원에게 제출하십시오.

항목 9 - 육로를 통해서 미국에 입국하는 경우, 여기에 LAND를 기입하십시오.
선박을 이용해서 미국에 입국하는 경우, 여기에 SEA를 기입하십시오.

5 U.S.C. § 552a(e)(3) 개인정보보호법 통지: 이 양식에서 수집된 정보는 INA(8 U.S.C. 1103, 1187), 8 CFR 235.1, 264, 그리고 1235.1 가 포함된 미국법전 제 8편에 의해 요구됩니다. 이 정보수집의 목적은 외국인 비이민자에게 입국허가 조건을 알리고 해당 외국인의 미국 입국 및 출국을 기록하기 위함입니다. 이 양식에 기록된 정보는 법 집행 목적을 위해 미국정부의 다른 부서나 국토안보부가 귀하의 미국입국 자격을 결정하는데 참고할 수 있도록 제공될 수 있습니다. 미국에 입국하고자 하는 모든 외국인 비이민자는 별도로 면제되지 않은 이상 반드시 이 정보를 제공해야 합니다. 이 정보를 제공하지 않을 경우 귀하의 미국입국이 거부되어 출발지로 송환되는 결과가 발생할 수 있습니다.

CBP Form I-94 (05/08)

OMB No. 1651-0111

입국 기록

접수 번호

150643671 22

1. 성 ① HONG
2. 이름 ② KIL DONG
3. 생년월일 (일/월/연) 100882 ③
4. 국적 ④ KOREA
5. 성별 (남 또는 여) MALE ⑤
6. 여권 발급일 (일/월/연) 241111 ⑥
7. 여권 유효기간 (일/월/연) 261111 ⑦
8. 여권 번호 ⑧ BS123456
9. 항공회사 및 항공편 번호 KE018 ⑨
10. 거주 국가 ⑩ KOREA
11. 항공편 탑승 국가 ROK ⑪
12. 비자를 발급 받은 도시 BUSAN ⑫
13. 비자 발급일 (일/월/연) 241210 ⑬
14. 미국 거류 기간 동안의 주소(번호 및 거리 이름) 1813 WLSHIRE ⑭ BOULEVARD
15. 도시 및 주 LOSAN⑮ELED BOULEVARDRE BOULEVARD
16. 미국 거류 기간 동안의 전화번호 ⑯ 123-456-7890
17. 이메일 주소 ⑰ HONG@NAVER.COM

CBP Form I-94 (05/08)

DEPARTMENT OF HOMELAND SECURITY
U.S. Customs and Border Protection

OMB No. 1651-0111

출국 기록

접수 번호

150643671 22

18. 성 ⑱ HONG
19. 이름 ⑲ KIL DONG
20. 생년월일 (일/월/연) 200960 ⑳
21. 국적 ㉑ KOREA

입국카드(앞면)

DEPARTMENT OF THE TREASURY
UNITED STATES CUSTOMS SERVICE

Customs Declaration

FORM APPROVED
OMB NO. 1515-0041

19 CFR 122.27, 148.12, 148.13, 148.110,148.111, 1498; 31 CFR 5316

Each arriving traveler or responsible family member must provide the following information (only ONE written declaration per family is required):

1. **Family Name**
   First *(Given)* Middle
2. **Birth date** Day Month Year
3. Number of **Family members** traveling with you
4. (a) U.S. Street **Address** (hotel name/destination)
   (b) City (c) State
5. **Passport issued by** (country)
6. **Passport number**
7. Country of **Residence**
8. **Countries visited** on this trip prior to U.S. arrival
9. **Airline/Flight No. or Vessel Name**
10. The primary purpose of this trip is **business**: Yes No
11. I am (We are) bringing
    (a) fruits, plants, food, insects: Yes No
    (b) meats, animals, animal/wildlife products: Yes No
    (c) disease agents, cell cultures, snails: Yes No
    (d) soil or have been on a farm/ranch/pasture: Yes No
12. I have (We have) been in close proximity of (such as touching or handling) **livestock**: Yes No
13. I am (We are) carrying **currency or monetary instruments** over $10,000 U.S. or foreign equivalent: Yes No
    (see definition of monetary instruments on reverse)
14. I have (We have) **commercial merchandise**: Yes No
    (articles for sale, samples used for soliciting orders, or goods that are not considered personal effects)
15. **Residents** — the **total value of all goods,** including commercial merchandise I/we have purchased or acquired abroad, (including gifts for someone else, but not items mailed to the U.S.) and am/are bringing to the U.S. is: $
    Visitors — the **total value of all articles** that will remain in the U.S., including commercial merchandise is: $

Read the instructions on the back of this form. Space is provided to list all the items you must declare.

I HAVE READ THE IMPORTANT INFORMATION ON THE REVERSE SIDE OF THIS FORM AND HAVE MADE A TRUTHFUL DECLARATION.

X

(Signature) Date (day/month/year)

입국카드(뒷면)

U.S. Customs and Border Protection Welcomes You to the United States

U.S. Customs and Border Protection is responsible for protecting the United States against the illegal importation of prohibited items. CBP officers have the authority to question you and to examine you and your personal property. If you are one of the travelers selected for an examination, you will be treated in a courteous, professional, and dignified manner. CBP Supervisors and Passenger Service Representatives are available to answer your questions. Comment cards are available to compliment or provide feedback.

Important Information

U.S. Residents — declare all articles that you have acquired abroad and are bringing into the United States.

Visitors (Non-Residents) — declare the value of all articles that will remain in the United States.

Declare all articles on this declaration form and show the value in U.S. dollars. For gifts, please indicate the retail value.

Duty — CBP officers will determine duty. U.S. residents are normally entitled to a duty-free exemption of $800 on items accompanying them. Visitors (non-residents) are normally entitled to an exemption of $100. Duty will be assessed at the current rate on the first $1,000 above the exemption.

Controlled substances, obscene articles, and toxic substances are generally prohibited entry. Agriculture products are restricted entry.

Thank You, and Welcome to the United States.

The transportation of currency or **monetary instruments**, regardless of the amount, is legal. However, if you bring in to or take out of the United States more than $10,000 (U.S. or foreign equivalent, or a combination of both), you are required by law to file a report on FinCEN 105 (formerly Customs Form 4790) with U.S. Customs and Border Protection. Monetary instruments include coin, currency, travelers checks and bearer instruments such as personal or cashiers checks and stocks and bonds. If you have someone else carry the currency or monetary instrument for you, you must also file a report on FinCEN 105. Failure to file the required report or failure to report the *total* amount that you are carrying may lead to the seizure of *all* the currency or monetary instruments, and may subject you to civil penalties and/or criminal prosecution. SIGN ON THE OPPOSITE SIDE OF THIS FORM AFTER YOU HAVE READ THE IMPORTANT INFORMATION ABOVE AND MADE A TRUTHFUL DECLARATION.

Description of Articles (List may continue on another CBP Form 6059B)	Value	CBP Use Only
Total		

PAPERWORK REDUCTION ACT NOTICE: The Paperwork Reduction Act says we must tell you why we are collecting this information, how we will use it, and whether you have to give it to us. The information collected on this form is needed to carry out the Customs, Agriculture, and currency laws of the United States. CBP requires the information on this form to insure that travelers are complying with these laws and to allow us to figure and collect the right amount of duty and tax. Your response is mandatory. An agency may not conduct or sponsor, and a person is not required to respond to a collection of information, unless it displays a valid OMB control number. The estimated average burden associated with this collection of information is 4 minutes per respondent or record keeper depending on individual circumstances. Comments concerning the accuracy of this burden estimate and suggestions for reducing this burden should be directed to U.S. Customs and Border Protection, Reports Clearance Officer, Information Services Branch, Washington, DC 20229, and to the Office of Management and Budget, Paperwork Reduction Project (1651-0009), Washington, DC 20503. THIS FORM MAY NOT BE REPRODUCED WITHOUT APPROVAL FROM THE CBP FORMS MANAGER.

*U.S. G.P.O.: 2005 — 783-078/80026 CBP Form 6059B (01/04)

Unit 02. 입국 심사

❶ 입국 심사관과의 대화 1

바꿔말하기

관광 이에요.

I'm here for sightseeing .

아임 히얼 포 (싸이트씨잉)

입국심사 1

사업차 (on) business (온) 비즈니스 	여행, 관광 travel, sightseeing 트레블, 싸이트씨잉 	회의 conference 칸퍼런스 
취업 work 워크 	거주 taking residence 테이킹 레지던스 	친척 방문 visiting relatives 비지링 렐러티브스 
공부 study 스터디 	귀국 returning home 리터닝 홈 	휴가 vacation 베케이션 

▶ 방문 목적에 대해

A: 방문 목적은 무엇입니까?

What is the purpose of your visit?

왓 이즈 더 퍼포저브 유어 비짓

B: (사업차)예요.

I'm here on (business).

아임 히얼 온 (비즈니스)

❷ 입국 심사관과의 대화 2

바꿔 말하기

호텔 에서 머무를 거예요.

I will stay at the hotel .

아이 윌 스테이 앳 더 (호텔)

입국심사 2

호텔 **hotel** 호텔 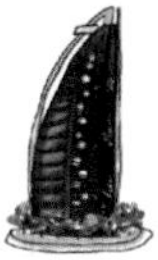	친척 집 **relative's house** 렐러티브스 하우스 
친구 집 **friend's house** 프렌즈 하우스 	

핵심 단어

미정입니다.

I have not decided where I am staying.

아이 해브 낫 디사이디드 웬 아이 앰 스테잉

▸ 체류지에 대해

A: 어디서 머무시나요?

Where are you going to stay?

웨어 아 유 고잉 투 스테이

B: 뉴욕에 있는 (힐튼 호텔)에 머무를 것입니다.

I will stay at the (Hilton Hotel) in New York.

아이 윌 스테이 앳 더 (힐튼 호텔) 인 뉴 욕

❸ 입국 심사관과의 대화 3

▶ 기타

A: 여권을 보여주시겠어요?

Please show me your passport.

플리즈 쇼 미 유어 패스포트

B: 여기 있습니다.

Here it is.

히어 잇 이즈

A: 어느 나라에서 왔나요?

Where are you from?

웨어 아 유 프럼

B: (한국)에서 왔어요.

I am from (Korea).

아이 앰 프럼 (코리아)

A: 며칠 정도 머물 생각인가요?

How long will you stay?

하우 롱 윌 유 스테이

B: (일주일) 머물 거예요.

I will stay for (a week).

아일 스테이 포 (어 위크)

A: 돌아가는 항공권을 가지고 있나요?

Do you have a return ticket?

두유 해브 어 리턴 티켓

B: 네./아니요.

Yes./ No.

예스/노우

A: 현금은 얼마나 가지고 있나요?

How much cash do you have?

하우 머취 캐쉬 두 유 해브

B: (500달러) 가지고 있어요. (P. 225 '물건 사기' 참고)

I have (500 dollars).

아이 해브 (파이브 헌드레드 달러스)

A: 이 나라는 처음이세요?

Is this your first visit to this country?

이즈 디스 유어 퍼스트 비짓 투 디스 컨트리

B: 네./아니요.

Yes./ No.

예스/노우

Unit 03. 수화물 찾기

❶ 수화물을 찾을 때

바꿔말하기

수화물을 못 찾겠어요.

I cannot find my baggage .

(아이 캔 낫 파인드 마이 배기쥐)

수화물 찾기

수화물을 분실했어요.

I've lost my baggage.

아이 로스트 마이 배기쥐

수화물이 바뀌었어요.

My baggage has been switched with another person's.

마이 배기쥐 해즈 빈 스위치드 위드 어나더 펄슨스

▶ 수화물 찾는 곳을 물을 때

A: 수화물 찾는 곳이 어디 있나요?.

Where is the baggage claim area?

웨어 이즈 더 배기쥐 클레임 에어리어

B: 어느 비행기로 오셨습니까?

On what flight did you arrive?

온 왓 플라이트 디쥬 어라이브

A: E64편 비행기로 왔습니다.

I was on the E64.

아이 워즈 온 디 이 씩스티 포

B: 저쪽으로 가세요.

Please go there.

플리즈 고우 데어

핵심문장 익히기

- 카트가 어디 있나요?

Where is the cart?

웨어 이즈 더 카트

- 유실물 관리 사무소가 어디죠?

Where is the lost & found office?

웨어 이즈 더 로스트 앤 파운드 오피스

- 저의 수화물 인환증입니다.

This is my baggage claim tag.

디스 이즈 마이 배기쥐 클레임 택

- 수화물이 파손됐어요.

My baggage is damaged.

마이 배기쥐 이즈 데미지드

- 수화물이 나오지 않았어요.

My baggage has not come out.

마이 배기쥐 해즈 낫 컴 아웃

- 분실 신고를 할게요.

I'd like to report my baggage missing.

아이드 라익투 리폿 마이 배기쥐 미싱

- 보상해주세요.

You have to pay for my baggage.

유 해브 투 페이 포 마이 배기쥐

❷ 세관원과의 대화

바꿔말하기

이것은 선물 입니다.

This is a gift .

디스 이즈 어 (기프트)

개인 물품	
개인 소지품 **personal belongings** 퍼스널 빌롱잉스 	선물 **gift** 기프트 

▶ 세관원과 대화할 때

A: 여권과 신고서를 보여주세요.

Please show me your passport and declaration form.

플리즈 쇼우 미 유어 패스포트 앤 데클러레이션 폼

신고할 물건이 있나요?

Do you have anything to declare?

두 유 해브 애니씽 투 디클레어

B: 신고할 물건이 있습니다.

I have something to declare.

아이 헤브 썸씽 투 디클레어

신고할 물건이 없습니다.

I have nothing to declare.

아이 헤브 낫씽 투 디클레어

A: 가방을 열어주시겠어요?

Could you open your bag?

쿠쥬 오픈 유어 백

B: 이것은 (개인 소지품)입니다.

These are (my personal belongings).

디즈 아 (마이 퍼스널 빌롱잉스)

Unit 04. 공항에서

바꿔말하기

한화 를 달러 로 환전해주세요.

Please exchange Korean won into dollars.

플리즈 익스체인지 (코리안 원) 인투 (달러스)

지폐와 동전	
여행자 수표 **traveller's check** 트레벌러스 체크 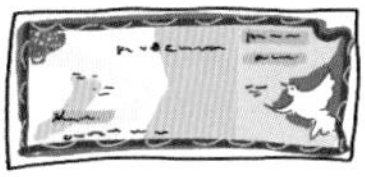	엔화 **Japanese Yen** 제패니즈 엔 
달러 **dollar** 달러 	한화 **Korean won** 코리안 원 
현금 **cash** 캐쉬 	수표 **check** 체크 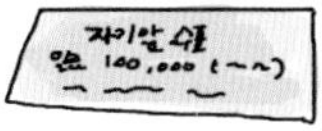
지폐 **bill** 빌 	동전 **coin** 코인 

▶ 환전을 할 때

A: (한국돈)을 (달러)로 환전해주세요.

Please exchange (Korean money) into (dollars).

플리즈 익스체인지 (코리안 머니) 인투 (달러스)

B: 금일자 환율이 1100이네요.

Today's exchange rate is 1100 won per one dollar.

투데이스 익스체인지 레잇 이즈 원싸우젼헌드레드 원 퍼 원 달러

어떻게 바꿔드릴까요?

How would you like it?

하우 우쥬 라이킷

A: (돈을 건네며) 20달러 다섯 장하고 나머지는 잔돈으로 주세요.
(P. 225 '물건 사기' 참고)

Could you give me five twenties and the rest in small bills?

쿠쥬 기브 미 파이브 트웬티스 앤 더 레스트 인 스몰 빌스

(100달러), (10달러) 섞어주세요.

Some (100 dollar) bills and some (10 dollar) bills, please.

썸 (원헌드레드 달러) 빌스 앤 썸 (텐 달러) 빌스 플리즈

(10달러) (5장) 주세요.

(Five) (tens), please.

(파이브) (텐스) 플리즈

B: 신분증을 주시겠어요?

Could you show me your ID card?

쿠 쥬 쇼우 미 유어 아이디 카드

핵심문장 익히기

- 환전은 어디에서 하나요?

  Where can I exchange money?

  웨어 캔 아이 익스체인지 머니

• 영수증을 주시겠어요?

Can I have the receipt?

캔 아이 해브 더 리씻

• 환전하려고 하는데, 외환은행이 어디에 있나요?

Where is Korea Exchange Bank? I'd like to change money.

웨어 이즈 코리아 익스체인지 뱅크 아이드 라익투 체인지 머니

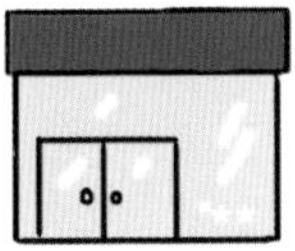

여행관련자료		
지하철노선도 **subway map** 써브웨이 맵 	관광지도 **tourist map** 투어리스트 맵 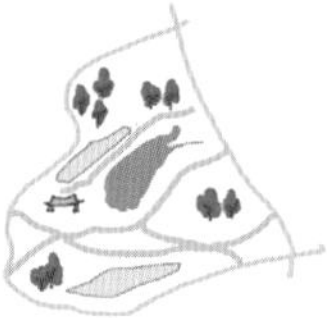	여행안내 책자 **travel brochure** 트레블 브로슈어 
한국어 팸플렛 **booklet in Korean** 북렛 인 코리언	시내지도 **city map** 씨리 맵	버스 시간표 **bus schedule** 버스 스케쥴
버스 노선도 **bus route map** 버스 루트 맵	호텔 리스트 **hotel list** 호텔 리스트	버스 투어 안내서 **guide** 가이드

▶ **지하철 노선도 등을 달라고 할 때**

A: (지하철 노선도) 있나요?
Do you have a (subway map)?
두 유 해브 어 (써브웨이 맵)

B: 있습니다. / 없습니다.
Yes, we do. / No, we don't.
예스 위 두 / 노우 위 돈트

핵심문장 익히기

- ~ 가는 교통편을 알려주세요.
  Could you tell me the way to ~?
  쿠쥬 텔 미 더 웨이 투 ~

- 여기에서 호텔을 예약할 수 있나요?
  Can I reserve a hotel room here?
  캔 아이 리저브 어 호텔 룸 히어

- 한국어 하시는 분 계세요?
  Is there anyone who can speak Korean?
  이즈 데어 애니원 후 캔 스픽 코리언

핵심 단어

출발입구 **departure gate** 디파처 게잇	도착입구 **arrival gate** 얼라이벌 게잇	
국내선 **domestic flight** 더메스틱 플라잇	탑승 수속 중 **now boarding** 나우 보딩	
환승 비행기 **connecting flight** 커넥팅 플라잇	지연 **delayed** 딜레이드	공석 대기 **stand by** 스탠바이

Chapter 02 교통

Unit 01. 장소나 길 묻기

❶ 장소를 찾을 때

바꿔말하기

리무진버스 정류장 이 어디에 있나요?

Where is the airport limousine bus station ?

웨어 이즈 디 (에어포트 리무진 버스 스테이션)

근처에 매표소 가 있나요?

Is there a ticket office near here?

이즈 데어 어 (티킷 오피스) 니어 히어

대중교통, 공용시설

시외버스 터미널 **intercity bus terminal** 인터시티 버스 터미널  	관광버스 터미널 **tour bus terminal** 투어버스 터미널 	여객 터미널 **passenger terminal** 패신져 터미널 
리무진버스 정류장 **airport limousine bus station** 에어포트 리무진 버스 스테이션  	버스 정류장 **bus stop** 버스 스탑 	택시 정류장 **taxi stand** 택시 스탠드 

공항 **airport** 에어포트 	열차역 **train station** 트레인 스테이션 	지하철역 **subway station** 서브웨이 스테이션 
주차장 **parking lot** 파킹 랏  	비상구 **emergency exit** 이머전시 엑씨트 	엘리베이터 **elevator** 엘리베이터 
매표소 **ticket office** 티킷 어피스 	렌터카 카운터 **rent a car desk** 렌터 카 데스크 	입구/출구 **entrance/exit** 엔터런스/엑시트 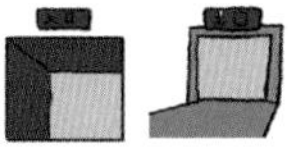
예약 창구 **reservation window** 레저베이션 윈도우 		환불 창구 **refund window** 리펀드 윈도우 

핵심문장 익히기

- 말씀 좀 묻겠습니다.
  Excuse me. Can I ask you something?
  익스큐즈 미 캔 아이 애스큐 썸씽

- ~까지 어떻게 가나요?
  How do I get to ~?
  하우 두 아이 겟 투 ~

- ~까지 가는 데 시간이 얼마나 걸리나요?

  How long does it take to get to ~?

  하우 롱 더즈 잇 테익 투 겟 투 ~

- 어떻게 가면 가장 빠르나요?

  What's the fastest way to get there?

  왓츠 더 패스티스트 웨이 투 겟 데어

- 걸어서 갈 수 있나요?

  Can I get there on foot?

  캔 아이 겟 데어 온 풋

- 걸어서 얼마나 걸리나요?

  How long does it take to walk?

  하우 롱 더즈 잇 테이크 투 웍

- 여기서 먼가요?

  Is it far from here?

  이즈 잇 파 프롬 히어

❷ 길을 찾을 때

바꿔 말하기

여기에서 직진하세요.

Go straight from here .

고우 스트레이트 (프롬 히어)

전봇대에서 왼쪽으로 도세요.

Turn left at the telephone pole .

턴 레프트 (앳 더 텔레폰 폴)

방향, 장소

여기 / 저기(에서) **(from) here/there** (프럼) 히어/데어 	사거리에서 **at the intersection** 앳 디 인터섹션 
건물에서 **at the building** 앳 더 빌딩 	골목에서 **at the alley** 앳 디 앨리 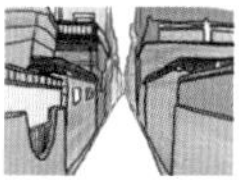
모퉁이에서 **at the corner** 앳 더 코너 	삼거리에서 **at the three-way intersection** 앳 더 쓰리웨이 인터섹션 

핵심단어

동서남북 **four cardinal directions** 포 카디널 디렉션스 	이쪽/저쪽/오른쪽/왼쪽/앞/뒤 **this way / that way / right / left / front / back** 디스 웨이 / 댓 웨이 / 라이트 / 레프트 / 프론트 / 백

바꿔 말하기

다리를 건너세요.

Cross the bridge .

크로스 더 (브릿지)

도와주세요. 길을 잃어버렸어요 .

Please help me. I'm lost .

플리즈 헬프 미 (아임 로스트)

횡단보도 **crosswalk** 크로스웍 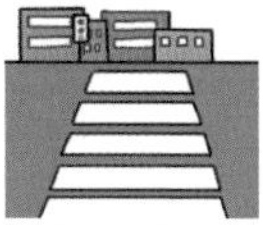	길 **road** 로드 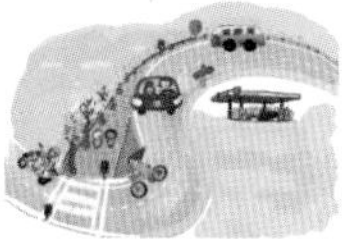
길을 잃어버렸어요. **I'm lost.** 아임 로스트 	여기가 어딘지 모르겠어요. **I don't know where I am.** 아이 돈 노우 웨어 아이 앰 

▶ 길을 물을 때

A: 거기 가려면 어떻게 가야 하나요?

How do I get there?

하우 두 아이 겟 데어

B: (여기에서) 직진하다가 (다리) 건너세요.

Go straight (from here) and cross the (bridge).

고 스트레잇 (프럼 히어) 앤 크로스 더 (브릿지)

A: 걸어가기에 가까운 거리입니까?

Is it close enough to walk there?

이즈 잇 클로즈 이넙 투 웍 데어

B: 네, 걸어갈 수 있습니다. / 아니요, 차를 타야 합니다.

Yes, you can walk there. / No, you have to take a car.

예스 유 캔 웍 데어 노 유 해브 투 테익 어 카

A: 감사합니다.

Thank you.

쌩큐

B: 그냥, 제가 데려다드릴게요. 저를 따라오세요.

I will take you there. Please follow me.

아 윌 테익 유 데어 플리즈 팔로우 미

핵심문장 익히기

- 버스를 잘못 탔어요.

  I took the wrong bus.

  아이 툭 더 렁 버스

- 여기가 어디인가요?

  Where are we?

  웨어 아 위

- 지도에 위치를 알려주세요.

  Please point at the location on a map.

  플리즈 포인트 앳 더 로케이션 온 어 맵

- 약도를 그려주시겠어요?

  Could you draw me a rough map?

  큐쥬 드러 미 어 러프 맵

- 도와주셔서 감사합니다.

  Thank you for your help.

  땡큐 포 유어 헬프

Unit 02. 택시

바꿔말하기

이곳 으로 가주세요.

Take me to this place , please.

테익 미 투 (디스 플레이스) 플리즈

장소	
이곳 **this place** 디스 플레이스 	이 주소 **this address** 디스 어드레스 

▶ 택시를 탈 때

A: 택시

Taxi!

택시

B: 어디까지 가세요?

Where to?

웨어 투

A: (이곳)으로 가주세요.

(This place), please.

(디스 플레이스) 플리즈

B: 어떤 길로 갈까요?

Which way should I take?

위치 웨이 슈다이 테익

A: 가장 가까운 길로 가주세요.

Please take the shortest way.

플리즈 테익 더 쇼리스트 웨이

여기서 세워주세요.

Please stop here.

플리즈 스탑 히어

얼마예요?

How much is it?

하우 머치 이즈 잇

영수증을 주세요.

Can I have a receipt?

캔 아이 해버 리씻

핵심문장 익히기

- 트렁크를 열어주세요.

  Please open the trunk.

  플리즈 오픈 더 트렁크

- 서둘러주시겠어요?

  Could you please hurry?

  쿠쥬 플리즈 허리

- 여기서 기다려주세요.

  Please wait for me here.

  플리즈 웨잇 포 미 히어

• 택시를 불러주세요.

Please call a taxi for me.

플리즈 콜 어 택시 포 미

• 거스름돈을 주세요.

Give me the change, please.

깁미 더 체인지 플리즈

• 거스름돈은 됐어요.

Keep the change.

킵 더 체인지

Unit 03. 버스

❶ 시내버스 / 시외버스

바꿔 말하기

저것은 시내버스 입니다.

That is a city bus .

댓 이즈 어 (씨리 버스)

버스 종류 1

시내버스 **city bus** 씨리 버스 	트롤리버스 **trolley bus** 트롤리 버스 
이층버스 **double-decker bus** 더블 데커 버스 	소형버스 **micro bus** 마이크로 버스 
시외버스 **intercity bus** 인터씨리 버스 	

▶ 버스표를 구입할 때

A: 뉴욕 가는 제일 빠른 차 몇 시에 있나요?

What time is the fastest bus to New York?

왓 타임 이즈 더 패스티스트 버스 투 뉴요크

B: 2시에 있어요.

At 2 P.M.

앳 투 피엠

A: (시외버스) 표 2장 주세요.

Two tickets for the (intercity bus), please.

투 티켓츠 포 디 (이너씨리 버스) 플리즈

B: 보험에 가입하시겠어요?

Do you want insurance?

두 유 원트 인슈런스

A: 네, 가입해주세요.

Yes, please.

예스 플리즈

필요 없어요.

No, thanks.

노 땡스

핵심문장 익히기

- ~에 가려면 몇 번 버스를 타야 하나요?

  Which bus do I get on to get there?

  위치 버스 두 아이 게론 투 겟 데어

- 이 버스는 ~에 갑니까?

  Does this bus go to ~?

  더즈 디스 버스 고 투 ~

- ~에 가는 표 주세요.

  A ticket to ~, please.

  어 티켓 투 ~ 플리즈

• ~에 가는데 어디에서 내리나요?

Which stop do I get off to go to ~?

위치 스탑 두 아이 게로프 투 고 투 ~

• ~에 가려면 갈아타야 하나요?

Do I have to transfer for ~?

두 아이 헤브 투 트렌스퍼 포

• ~에 가려면 어디에서 갈아타나요?

At which stop do I transfer for ~?

앳 위치 스탑 두 아이 트랜스퍼 포

• 언제 내릴지 알려주세요.

Please let me know when to get off.

플리즈 렛 미 노우 웬 투 겟 어프

• 여기에서 내리세요.

Get off at this stop, please.

겟 어프 엣 디스 스탑 플리즈

• 버스를 잘못 타셨습니다.

You took the wrong bus.

유 툭 더 렁 버스

• 대기실이 어디인가요?

Where is the waiting room?

웨어 이즈 더 웨이팅 룸

• 이 차는 고속도로로 가나요?

Does this bus go on the highway?

더즈 디스 버스 고우 온 더 하이웨이

• 직행버스인가요?

Is this a nonstop bus?

이즈 디스 어 논스탑 버스

핵심 단어		
고속버스 **express bus** 익스프레스 버스		직행버스 **nonstop bus** 논스탑 버스
매일 **every day** 에브리 데이	격일 **every other day** 에브리 아더 데이	수시로 **frequently** 프리퀀틀리

❷ 관광버스 투어

바꿔 말하기

당일치기 관광버스 투어 있나요?

Is there a one-day bus tour?

이즈 데어러 (원 데이) 버스 투어

기간	
반나절 **half-day** 하프 데이 	당일치기 **one-day** 원 데이 

2일 **two-day** 투 데이 	3일 **three-day** 쓰리 데이 

바꿔말하기

오전 관광버스 투어 있나요?

Is there a morning bus tour?

이즈 데어러 (모닝) 버스 투어

시간

오전 **morning** 모닝 	오후 **afternoon** 애프터눈 

▸ 관광버스 투어를 문의할 때

A: 오늘 관광투어 할 수 있나요?

Can I take a tour today?

캔 아이 테이커 투어 투데이

B: 네, 가능해요.

Yes, you can.

예스 유 캔

A: (당일치기) 관광버스 투어 있나요?

Is there a (one-day) bus tour?

이즈 데어러 (원 데이) 버스 투어

B: 네, 투어에 참가하시겠습니까?

Yes, would you like to join the tour?

예스 우쥬 라익 투 조인 더 투어

A: 네, 투어에 참가하고 싶어요.

Yes, I would.

예스 아이 우드

B: 어떤 투어에 참가하시겠어요?

What kind of tour route do you want?

왓 카인 어브 투어 루트 두 유 원트

A: 시내관광을 하고 싶어요.

I'd like to take a city tour.

아이드 라익투 테이커 씨리 투어

핵심문장 익히기

- 야간 관광버스 투어 있나요?

  Is there a night bus tour?

  이즈 데어러 나잇 버스 투어

- 일정을 알려주세요.

  Please let me know the schedule.

  플리즈 렛 미 노우 더 스케줄

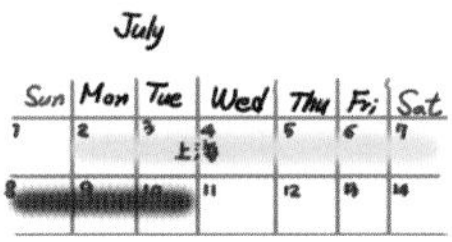

- 신청은 어디에서 하나요?

  Where can I sign up for tour?

  웨어 캔 아이 싸인 업 포 투어

- 출발은 언제 하나요?

  When do we leave?

  웬 두 위 리브

- 출발은 어디에서 하나요?

  Where do we leave?

  웨어 두 위 리브

- 몇 시에 출발하나요?

  What time do we leave?

  왓 타임 두 위 리브

- 몇 시에 돌아오나요?

  What time do we come back?

  왓 타임 두 위 컴 백

- ~까지 몇 시간 걸리나요?

  How many hours to ~?

  하우 매니 아워즈 투 ~

- 식사가 포함되나요?

  Does it include meals?

  더 짓 인클루드 밀즈

- 요금은 얼마인가요?

  How much is the tour?

  하우 머치 이즈 더 투어

- 한국인 가이드는 있나요?

  Do you have Korean guides?

  두 유 해브 코리안 가이즈

버스 안에서

- 여기에서 얼마나 머무나요?
  How long do we stay here?
  하우 롱 두 위 스테이 히어

- 자유시간은 있나요?
  Do we have free time?
  두 위 해브 프리 타임

- 몇 시에 버스로 돌아오면 되나요?
  What time do we return to the bus?
  왓 타임 두 위 리턴 투 더 버스

Unit 04. 지하철

바꿔 말하기

이것은 1호선 입니다.

This is line no.1 .

디스 이즈 (라인 넘버 원)

지하철 노선

1호선 **line no.1** 라인 넘버 원	2호선 **line no.2** 라인 넘버 투	3호선 **line no.3** 라인 넘버 쓰리
4호선 **line no.4** 라인 넘버 포	5호선 **line no.5** 라인 넘버 파이브	6호선 **line no.6** 라인 넘버 씩스
7호선 **line no.7** 라인 넘버 쎄븐	8호선 **line no.8** 라인 넘버 에잇	9호선 **line no.9** 라인 넘버 나인

핵심문장 익히기

- 지하철 노선도를 어디에서 구할 수 있나요?
  Where can I get a subway map?
  웨어 캔 아이 겟 어 써브웨이 맵

- 지하철 노선도 있나요?
  Do you have a subway map?
  두 유 해버 써브웨이 맵

• 자동매표기가 어디 있나요?

Where is the ticket machine?

웨어 이즈 더 티켓 머신

• 자동매표기를 어떻게 이용하나요?

Could you tell me how to use the automatic ticketing machine?

쿠쥬 텔 미 하우 투 유즈 디 오토매틱 티케팅 머신

• ~까지 얼마예요?

How much is it to ~?

하우 머치 이즈 잇 투 ~

• ~ 가려면 몇 호선을 타야 하나요?

Which line should I take to get to ~?

위치 라인 슈다이 테익 투 겟 투 ~

• ~에 가는 지하철 맞나요?

Is this subway going to ~?

이즈 디스 써브웨이 고잉 투 ~

• ~에 가려면 어디에서 내려야 하나요?

At which stop should I get off to get to ~?

앳 위치 스탑 슈다이 게로프투 겟 투 ~

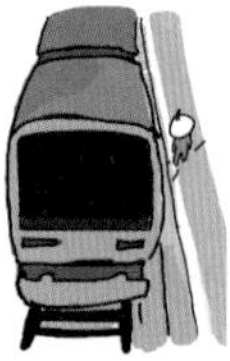

• ~에 가려면 몇 번 출구로 나가야 하나요?

Which exit should I take for ~?

위치 엑시트 슈다이 테익 포 ~

- ~에 가려면 어느 쪽에서 타야 하나요?
  Which side should I take to get to ~?
  위치 싸이드 슈다이 테익 투 겟 투 ~

- 표를 잃어버렸어요.
  I lost my ticket.
  아이 로스트 마이 티켓

- 첫차는 몇 시인가요?
  What time is the first subway?
  왓 타임 이즈 더 퍼스트 써브웨이

Unit 05. 열차

❶ 열차 시간표

TRAIN SCHEDULES A.M. P.M.

TRAIN NUMBER	TO NASHVILLE (MONDAY - FRIDAY)					
	Lebanon	Martha	Mt. Juliet	Hermitage	Donelson	Riverfront
150	5:45	5:56	6:05	6:12	6:20	6:35
152	6:40	6:51	7:00	7:07	7:15	7:30
154			7:45	7:52	8:00	8:15
156	3:20	3:31	3:40	3:47	3:55	4:10
158	3:55	4:06	4:15	4:22	4:35	4:50
160			5:00	5:07	5:20	5:35
	FRIDAY NIGHTS ONLY					
162	6:40	6:51	7:00	7:08	7:15	7:30
TRAIN NUMBER	FROM NASHVILLE (MONDAY - FRIDAY)					
	Riverfront	Donelson	Hermitage	Mt. Juliet	Martha	Lebanon
151	6:58	7:09	7:22	7:32		
153	7:45	7:56	8:09	8:17	8:26	8:40
155	8:25	8:36	8:43	8:51	9:00	9:15
157	4:20	4:32	4:39	4:49		
159	5:05	5:17	5:24	5:32	5:41	5:55
161	5:45	5:57	6:04	6:12	6:21	6:35
	FRIDAY NIGHTS ONLY					
163	10:30	10:42	10:49	10:57	11:06	11:20

핵심문장 익히기

- 열차 시간표 어디에 있나요?

  Where can I get a train schedule?

  웨어 캔 아이 겟 더 츄레인 스케줄

- 열차 시간표 주세요.

  May I have a train schedule?

  메이 아이 해버 츄레인 스케줄

❷ 열차표 예약, 구입

1. 열차표 예약

바꿔 말하기

매표소 는 어디 있나요?

Where's the ticket office ?

웨얼즈 더 (티킷 오피스)

열차 대합실	
매표소 **ticket office** 티킷 오피스 	물품보관함 **locker** 라커 
대기실 **waiting area** 웨이팅 에어리어 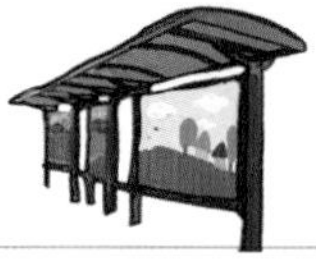	화장실 **restroom** 레스트룸 
안내소 **information desk** 인포메이션 데스크 	열차 플랫폼 **train platform** 트레인 플렛폼 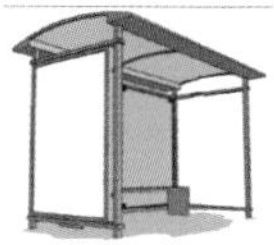

2. 열차표 구입

바꿔말하기

14일, 오후 2시, 뉴욕 가는 열차표 2장 주세요.

Two tickets to New York at 2 P.M. on the 14th , please.

(투 티켓츠 투 뉴욕 앳 투 피엠 온 더 폴틴쓰) 플리즈

열차 종류		
암트랙 **Amtrak** 앰트랙 	직행열차 **direct train** 디렉트 트레인 	특급열차(아셀라 익스프레스) **Acela Express** 아셀라 익스프레스 

객차 등급		
일반석 **coach class** 코치 클래스	VIP석 **VIP** 브이아이피	입석 **standing room** 스탠딩 룸

▶ 열차표를 구입할 때

A: 뉴욕 가는 열차가 몇 시에 있나요?

What time is the train to New York?

왓 타임 이즈 더 트레인 투 뉴욕

B: 14일 오후 2시, 일등석 자리만 있습니다.

At 2 P.M. on the 14th. There are only first class tickets available.

앳 투 피엠 온 더 폴틴쓰 데어라 온리 퍼스트 클래스 티켓츠 어베일러블

A: (14일, 오후 2시, 뉴욕 가는 열차표 2장) 주세요.

(Two tickets to New York at 2 P.M. on the 14th), please.

(투 티켓츠 투 뉴욕 앳 투 피엠 온 더 폴틴쓰) 플리즈

핵심 단어

도착지 **destination** 데스티네이션	날짜 **date** 데이트	열차번호 **train number** 트레인 넘버
침대 **bed** 베드	인원 **number of people** 넘버 어브 피플	열차표 **train ticket** 트레인 티켓

핵심문장 익히기

- 대합실은 어기에 있나요?

  Where is the waiting room?

  웨어 이즈 더 웨이팅 룸

- 뉴욕행은 어디에서 타나요?

  Which platform do I take the train to New York?

  위치 플랫폼 두 아이 테익 더 츄레인 투 뉴욕

- 이 열차가 뉴욕행인가요?

  Is this the train for New York?

  이즈 디스 더 트레인 포 뉴욕

- 환불창구가 어디에 있나요?

  Where is the refund window?

  웨어 이즈 더 리펀드 윈도우

- 이 열차표를 환불해주세요.

  Please refund this ticket.

  플리즈 리펀드 디스 티켓

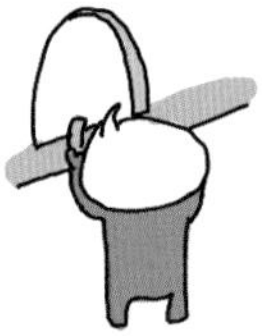

열차 티켓

AMTRAK eTicket

PRESENT THIS DOCUMENT FOR BOARDING

RESERVATION NUMBER 532ECE

RES# 532ECE-26JAN17

CHM ➤ NOL Round-Trip

CHAMPAIGN-URB, IL NEW ORLEANS, LA MARCH 15, 2017

Depart

TRAIN	CITY OF NEW ORLEANS	CHAMPAIGN-URBANA - NEW ORLEANS	DEPARTS	ARRIVES (Thu Mar 16)
59	Mar 15, 2017	1 Reserved Coach Seat	10:34 PM	3:32 PM

❹ 열차 안에서

바꿔 말하기

식당칸 이 어디에 있나요?

Where is the dining car ?

웨어 이즈 더 (다이닝 카)

객차		
승무원 **train attendant** 트레인 어텐던트 	식당칸 **dining car** 다이닝 카 	화장실 **restroom** 레스트룸 

▶ 열차표를 바꿀 때

A: 무엇을 도와드릴까요?

Can I help you?

캔 아이 헬프 유

B: 일등석으로 자리를 바꿀 수 있나요?

Can I change this ticket to first class?

캔 아이 체인쥐 디스 티켓 투 퍼스트 클래스

A: 네 가능해요. / 아니요, 불가능해요.

Yes, you can. / No, you can't.

예스 유 캔 / 노 유 캔트

B: 추가 비용이 얼마인가요?

How much is the additional charge?

하우 머치 이즈 디 어디셔널 차아쥐

A: 20달러입니다.

20 dollars.

투웬티 달러스

핵심문장 익히기

- 이 자리 주인 있나요?

  Is this seat taken?

  이즈 디스 씻 테이큰

- 여기는 제 자리예요.

  This is my seat.

  디스 이즈 마이 씻

- 자리를 바꿔주시겠어요?

  Could I change seats?

  쿠다이 체인지 씻츠

- 표를 좀 바꿔주세요.

  Please change my ticket.

  플리즈 체인지 마이 티켓

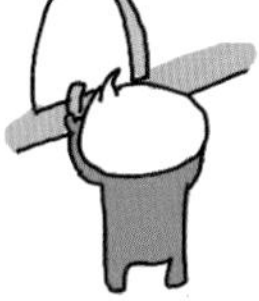

- 빈 좌석이 있는지 알아보려면 어디로 가야 하나요?

  Where can I check the empty seat?

  웨어 캔 아이 첵 디 엠티 씻

- 입석 승차권을 구입했는데요. 빈 좌석이 있나요?
  I bought the standing room. Are there any seats available?
  아이 보웃 더 스텐딩 룸 아 데어 에니 씻 어베일러블

- 식당칸을 좌석으로 이용할 수 있을까요?
  Can I sit in the dining car?
  캔 아이 씻 인 더 다이닝 카

- 목적지를 바꾸고 싶은데 표를 바꿀 수 있나요?
  I'd like to change my destination. Can I change the ticket?
  아이드 라익투 체인지 마이 데스티네이션 캔 아이 체인지 더 티켓

승무원에게 문의

- 뉴욕행은 어디에서 내리나요?
  Where should I get off for New York?
  웨얼 슈다이 겟오프 포 뉴요크

- 캘리포니아행은 어디에서 갈아타나요?
  Where should I transfer at for California?
  웨얼 슈다이 트랜스퍼 앳 포 캘리포니아

- 열차가 얼마 동안 정차하나요?
  How long does the train stop?
  하우 롱 더즈 더 트레인 스탑

- 내릴 역을 지나쳤는데 어떻게 해야 하나요?
  I missed my station. What should I do?
  아이 미스드 마이 스테이션 왓 슈다이 두

• 식당칸은 어디에 있나요?

Where is the dining car?

웨얼 이즈 더 다이닝 카

표를 잃어버렸을 때

• 표를 보여주세요.

Show me the ticket, please.

쇼 미 더 티켓 플리즈

• 네, 여기 있습니다.

Yes, here it is.

예스 히얼 잇 이즈

• 표를 잃어버렸습니다.

I lost my ticket.

아이 로스트 마이 티켓

• 어디에서 타셨어요?

Where did you catch the train?

웨얼 디쥬 캐치 더 트레인

• ~에서 탔습니다.

I took the train at ~.

아이 툭 더 트레인 앳 ~

Unit 06. 비행기

❶ 비행기표 예약, 확인, 변경, 취소

바꿔 말하기

왕복 입니다.

It is round-trip .

잇 이즈 (라운드 트립)

비행기표

비행기표 **plane ticket** 플레인 티켓 	편도 **one-way** 원웨이 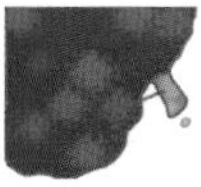	왕복 **round trip** 라운드 트립 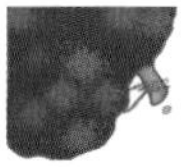

핵심단어

경유 **via ~** 비아 ~	출발도시 **departure city** 디파처 씨리	목적도시 **destination city** 데스티네이션 씨리
출발날짜 **departure date** 디파처 데잇	출발시간 **departure time** 디파처 타임	돌아오는 날짜 **return date** 리턴 데잇
돌아오는 시간 **return time** 리턴 타임	좌석 등급 **class** 클래스	

▶ 전화 또는 방문 예약

A: 무엇을 도와드릴까요?

Can I help you?

캔 아이 헬퓨

B: 항공권을 예매하려고 하는데요.

I'd like to book a ticket.

아이드 라익 투 부커 티켓

A: 목적지가 어디인가요?

What is your destination?

왓 이즈 유어 데스티네이션

B: 워싱턴요.

Washington.

워싱턴

A: 언제 출발하는 걸 원하세요?

When would you like to leave?

웬 우쥬 라익 투 리브

B: 14일 오전이요.

I'd like to have a seat on your flight on the morning of the 14th.

아이드 라익 투 해버 씻 온 유어 플라잇 온 더 모닝 오브 더 폴틴쓰

얼마예요?

How much is it?

하우 머치 이짓

A: 공항세 유류세 모두 포함해 500달러입니다.

Including airport tax and fuel tax, the total is five hundred dollars.

인클루딩 에어폿 택스 앤 퓨얼 택스 더 토탈 이즈 파이브 헌드레드 달러스

영문 이름을 알려주세요.

Please let me know your English name.

플리즈 렛 미 노우 유얼 잉글리쉬 네임

B: 성은 HONG이고, 이름은 GILDONG입니다.

My family name is Hong, and my name is Gil-dong.

마이 패밀리 네임 이즈 홍 앤드 마이 네임 이즈 길동

A: 예약되었습니다.

Your reservation is complete.

유어 레저베이션 이즈 컴플릿

핵심문장 익히기

- 매표소가 어디 있나요?

  Where is the ticket office?

  웨얼 이즈 더 티켓 오피스

- 항공편 시간표 있나요?

  Do you have a flight schedule?

  두 유 해버 플라잇 스케쥴

▸ 예약 확인

A: 예약을 확인하려고요.

I'd like to confirm my reservation.

아이드 라익 투 컨펌 마이 레저베이션

제 이름은 홍길동이에요.

My name is Gil-dong Hong.

마이 네임 이즈 길동 홍

14일 오전 7시 비행기예요.

My flight leaves at 7 A.M. on the 14th.

마이 플라잇 리브즈 앳 쎄븐 에이앰 온 더 폴틴쓰

비행기 편명은 XX입니다.

Flight number is ~.

플라잇 넘버 이즈 ~

B: 예약 확인되었습니다.

Your reservation is confirmed.

유어 레저베이션 이즈 컨펌드

예약 명단에 없습니다.

You are not included on the reservation list.

유 아 낫 인클루든 온 더 레절베이션 리스트

A: 네, 감사합니다.

Thank you.

땡큐

그럼, 저는 어떻게 해야 하나요?

Then what should I do?

댄 왓 슈다이 두

▸ 변경, 취소

A: 예약을 변경[취소]해주세요.
Please change[cancel] my reservation.
플리즈 체인지[캔쓸] 마이 레절베이션

B: 예약을 변경[취소]할 수 없습니다.
You can not change[cancel] your reservation.
유 캔 낫 체인지[캔쓸] 유얼 레절베이션

예약을 취소하면 위약금을 물어야 합니다.
If you cancel your reservation, you have to pay a penalty.
이퓨 캔쓸 유얼 레저베이션 유 햅 투 페이 어 페널티

❷ 비행기 체크인과 탑승

바꿔 말하기

국내선 데스크 가 어디인가요?
Where is the domestic flight desk ?
웨얼 이즈 더 (도메스틱 플라잇 데스크)

공항

국제선 데스크 **international flight desk** 인터내서널 플라잇 데스크 	국내선 데스크 **domestic flight desk** 도메스틱 플라잇 데스크 	탑승 대기소 **waiting area for passengers** 웨이링 에어리어 포 패씬저스 

▶ 매표소에서

A: 항공권과 여권을 주세요.

May I have your ticket and passport?

메이 아이 해브 유어 티켓 앤 패스폿

B: 창가[통로] 자리로 주세요.

A window[An aisle] seat, please.

어 윈도우[언 아일] 씻 플리즈

짐을 부쳐주세요.

I'd like to check my luggage.

아이드 라익 투 첵 마이 러기쥐

A: 짐의 무게가 초과해서 초과운임을 내야 합니다.

Your luggage is overweight so you have to pay excess luggage charge.

유어 러기쥐 이즈 오버웨잇 쏘 유 햅 투 페이 엑쎄스 러기쥐 차지

B: 초과운임이 얼마입니까?

How much is it?

하우 머치 이짓

A: 초과운임은 30달러입니다.

It's thirty dollars.

잇츠 써리 달러스

B: 비행기는 예정대로 출발하나요?

Will this plane leave on time?

윌 디스 플레인 리브 온 타임

탑승 시간은 언제인가요?

When is boarding time?

웬 이즈 보딩 타임

몇 번 탑승구로 나가야 하나요?

Which gate should I go to?

위치 게잇 슈다이 고 투

핵심문장 익히기

결항, 비행기 놓쳤을 때

- 워싱턴으로 가는 비행기를 놓쳤어요.

  I missed the plane to D.C.

  아이 미스드 더 플레인 투 디씨

- 워싱턴으로 가는 비행기가 결항됐어요.

  The flight to Washington was canceled.

  더 플라잇 투 워싱턴 워즈 캔쓸드

- 다음 비행기는 언제예요?

  When is the next flight?

  웬 이즈 더 넥스트 플라잇

- 얼마나 기다려야 하나요?

  How long should I wait?

  하우 롱 슈다이 웨잇

Unit 07. 여객선

바꿔 말하기

1등석 표 한 장 주세요.

I'd like a first-class ticket, please.

아이드 라이커 (퍼스트 클래스) 티켓 플리즈

좌석 등급

1등석 **first-class** 퍼스트 클래스	2등석 **second-class** 세컨드 클래스
3등석 **third-class** 써드 클래스	VIP석 **VIP** 브이아이피

핵심 단어

선명(배이름) **name of the ship** 네임 오브 더 쉽	출항일 **sailing date** 세일링 데잇
목적지 **destination** 데스티네이션	좌석 등급 **class** 클래스

핵심문장 익히기

- 요금이 얼마인가요?
  How much is the fare?
  하우 머치 이즈 더 페어

- ~에 가는 배는 언제 출항하나요?
  When does the ship leave for ~?
  왠 더즈 더 쉽 리브 포 ~

- ~로 가는 배의 하선은 언제인가요?
  When is getting off the ship for ~?
  웬 이즈 게링 오프 더 쉽 포 ~

- ~로 가는 배는 어디에서 승선하나요?
  Where can I board the ship to ~?
  웨얼 캔 아이 보드 더 쉽 투 ~

- 멀미약 파는 곳이 있나요?
  Is there someplace that sells sea sickness medicine?
  이즈 데얼 썸플레이스 댓 셀스 씨 씩니스 메디슨

- 유람선을 어디에서 타나요?
  Where can I take a cruise?
  웨얼 캔 아이 테익 어 크루즈

Unit 08. 렌터카

바꿔말하기

스포츠카 를 빌리고 싶어요.

I'd like to rent a sports car .

아이두 라잌 투 렌트 어 (스포츠 카)

자동차의 종류 - 크기

중형차 **midsize car** 미드사이즈 카 	소형차 **compact car** 컴팩트 카 
대형차 **full size car** 풀 사이즈 카 	스포츠카 **sports car** 스포츠 카 

▶ 렌터카를 대여할 때

A: 렌터카를 빌리려고 하는데요.

I'd like to rent a car.

아이드 라잌 투 렌트 어 카

B: 어떤 종류의 차를 원하세요?

What kind of car would you like?

왓 카인 옵 카 우쥬 라잌

A: (대형차)를 빌리고 싶어요.

I'd like to rent a (full size car).

아이드 라익 투 렌터 (풀 사이즈 카)

렌터카 목록을 보여주시겠어요?

Can I see your rent a car list?

캔 아이 씨 유얼 렌터 카 리스트

이 차로 할게요

I'll take this.

아일 테익 디스

하루 빌리는 데 얼마예요?

How much is it to rent a day?

하우 머치 이즈 잇 투 렌트 어 데이

B: 기사 딸려서 300달러입니다.

It's $300 including the driver's charge.

잇츠 쓰리헌드레드 달러스 인클루딩 더 드라이벌스 차지

A: 보증금은 얼마예요?

How much is the deposit?

하우 머치 이즈 더 디포짓

B: 보증금은 50달러입니다.

It is $50.

잇 이즈 피프티 달러스

A: 혹시 국제 면허증을 가지고 있는데 직접 운전할 수 있나요?

I have an international driver's license. Can I drive myself?

아이 해브 언 인터내셔널 드라이버스 라이센스 캔 아이 드라이브 마이셀프

B: 네, 운전하실 수 있어요.

Yes, you can.

예스 유 캔

핵심문장 익히기

- 이것이 제 국제 면허증입니다.

  This is my international driver's license.

  디스 이즈 마이 인터네셔널 드라이벌스 라이센스

- 이것이 제 면허증입니다.

  This is my driver's license.

  디스 이즈 마이 드라이벌스 라이센스

- 도로 지도를 주세요.

  Can I have a road map?

  캔 아이 해버 로드맵

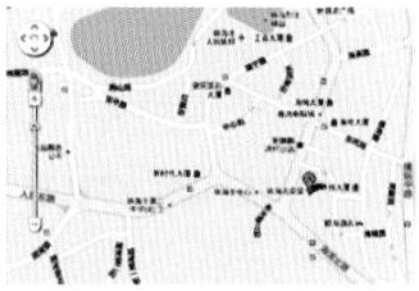

- 배터리가 떨어졌어요.

  The battery is dead.

  더 배터리 이즈 데드

- 펑크 났어요.

  I have a flat tire.

  아이 해브 어 플랫 타이얼

- 시동이 안 걸려요.

It won't start.

잇 오운트 스타트

- 브레이크가 안 돼요.

The brakes won't work.

더 브레잌스 오운트 월크

- 기름이 떨어졌어요.

We ran out of gas.

위 랜 아웃 옵 가스

- 기름을 가득 채워주세요.

Please fill it up.

플리즈 필 잇 업

- 정비사를 불러주세요.

Please call a mechanic.

플리즈 콜 어 메카닉

- 엑셀러레이터가 안 돼요.

The accelerator doesn't work.

디 엑셀러레이러 더즌 월크

- 엔진 작동이 안 돼요.

The engine doesn't work.

디 엔진 더즌 월크

- 여기 주차할 수 있나요?

  Can I park here?

  캔 아이 파크 히얼

- 여기에서 얼마나 주차할 수 있나요?

  How long can I park here?

  하우 롱 캔 아이 파크 히얼

- 근처에 주유소가 있나요?

  Is there a gas station near here?

  이즈 데얼 어 가스 스테이션 니어 히얼

- 차를 점검해주세요.

  Please check the car.

  플리즈 체크 더 카

- 긴급 연락처를 알려주세요.

  Please let me know the emergency contact details.

  플리즈 렛 미 노우 디 이머전시 컨텍트 디테일스

핵심 단어	
양보 **Yield** 일드  	일시정지 **Stop** 스탑 
추월금지 **No Passing Lane** 노 패씽 레인 	제한속도 **Speed Limit** 스피드 리밋 

일방통행 **One-Way Traffic** 원웨이 트래픽 	주차금지 **No Parking** 노 파킹 
우측통행 **Keep Right** 킵 라잇 	진입금지 **Do Not Enter** 두 낫 엔터 
유턴금지 **No U-Turn** 노 유턴 	낙석도로 **Falling Rocks** 펄링 락스 
어린이 보호구역 **School Zone** 스쿨 존 	

Chapter 03 관광

Unit 01. 장소 묻기

바꿔 말하기

관광 안내소 가 어디에 있나요?

Where is the tourist information office ?

웨얼 이즈 더 (투어리스트 인포메이션 오피스)

근처에 매표소 가 있나요?

Is there a ticket office near here?

이즈 데얼 어 (티킷 오피스) 니어 히얼

놀거리

번화가
main street
메인 스트릿

극장
theater
띠어럴

수영장
swimming pool
스위밍 풀

영화관
movie theater
무비 띠어럴

놀이동산
amusement park
어뮤즈먼트 파크

스키장
ski slope
스키 슬롭프

노래방
karaoke
캐리오키

사우나
sauna
써너

나이트클럽
nightclub
나이트클럽

동물원
zoo
주

식물원
botanical garden
버테니컬 가든

편의시설, 공공시설

세탁소
laundry
런드리

PC방
internet cafe
인터넷 카페

목욕탕
public bath
퍼블릭 배쓰

마사지 샵
massage salon
머싸쥐 쌀론

발 마사지 샵
foot massage shop
풋 머싸쥐 샵

화장실
restroom
레스트룸

은행
bank
뱅크

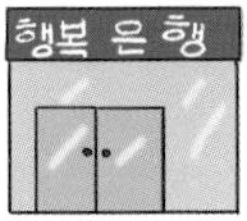

약국
pharmacy
파머씨

병원
hospital
하스피럴

우체국
post office
포스트 오피스

소방서
fire station
파이어 스테이션

경찰서
police station
폴리스 스테이션

도서관
library
라이브러리

한국 영사관
Korean consulate
코리안 컨썰렛

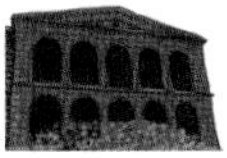

현금지급기
ATM
에이티엠

백화점
department store
디팟먼 스토어

관광 안내소
tourist information office
투어리스트 인포메이션 어피스

매표소
ticket office
티킷 오피스

핵심문장 익히기

- 가까워요?

  Is it close to here?

  이즈 잇 클로즈 투 히얼

- 멀어요?

  Is it far from here?

  이즈 잇 파 프럼 히얼

Unit 02. 관광지에서

❶ 대표 관광지

바꿔 말하기

샌프란시스코 에 가고 싶어요.

I'd like to go to San Francisco .

아이드 라익 투 고 투 (쌘 프란시스코)

그랜드캐니언 은 어디 있나요?

Where is the Grand Canyon ?

웨얼 이즈 더 (그랜드 캐년)

서양권 대표 관광지

그랜드캐니언

Grand Canyon

그랜드 캐년

디즈니랜드

Disneyland

디즈니랜드

라스베이거스
Las Vegas
라스 베이거스

센트럴파크
Central Park
센트럴 팍

자유의 여신상
Statue of Liberty
스테츄 어브 리버티

자연사 박물관
Natural History Museum
내추럴 히스토리 뮤지엄

타임스 스퀘어
Times Square
타임스퀘어

나이아가라 폭포
Niagara Falls
나이아그라 펄스

금문교
Golden Gate Bridge
골든 게잇 브리지

하와이
Hawaii
허와이

옐로스톤 국립공원
Yellowstone National Park
옐로스톤 내셔널 팍

러시모어 산
Mount Rushmore
마운트 러쉬모어

레고랜드
Legoland
레고랜드

유니버설 스튜디오
Universal Studios
유니버설 스튜디오스

요세미티 국립공원
Yosemite National Park
요세미티 내셔널 팍

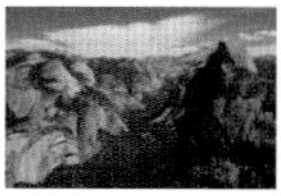

항공우주 박물관
Air and Space Museum
에어 앤 스페이스 뮤지엄

에펠탑
Eiffel Tower
아이펠 타워

루브르 박물관
Louvre Museum
루브르 뮤지엄

베르사유 궁전
Versailles Palace
베르싸이 팰러스

피사의 사탑
Leaning Tower of Pisa
리닝 타워 업 피사

콜로세움
Colosseum
칼러씨움

트레비 분수
Trevi Fountain
트레비 파운튼

시스티나 성당
Sistine Chapel
씨스틴 채플

베네치아 광장
Piazza Venezia
피아자 베네치아

피렌체 대성당
Florence Cathedral
플로런스 커띠드럴

성 베드로 광장
St. Peter's Square
세인 피터 스퀘어

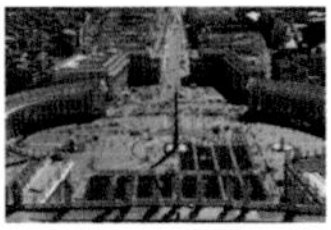

알프스 산맥
Alps
앨프스

파르테논 신전
Parthenon
파써난

산토리니
Santorini
쌘토리니

빅 벤
Big Ben
빅 벤

버킹엄 궁전
Buckingham Palace
버킹엄 팰러스

대영박물관
British Museum
브리티쉬 뮤지엄

그리니치 천문대
Royal Greenwich Observatory
로열 그리니치 옵저버터리

웨스트민스터 사원
Westminster Abbey
웨슷민스터 애비

스톤헨지 **Stonehenge** 스톤헨쥐 	오페라하우스 **Opera house** 아프러 하우스 
하버 브리지 **Harbor Bridge** 하버 브릿지 	타롱가 동물원 **Taronga Zoo** 타롱가 주 
통가리로 국립공원 **Tongariro National Park** 통가리로 내셔널 팍 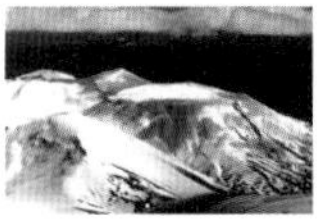	와이토모 동굴 **Waitomo Caves** 와이토모 캐이브즈 
밀퍼드 사운드 **Milford Sound** 밀퍼드 사운드 	

핵심문장 익히기

- 주변에 가볼 만한 명소를 소개해주세요.
  Could you recommend places to visit nearby?
  쿠쥬 리커멘드 플레이시스 투 비짓 니얼바이

- 근처에 꼭 가봐야 할 곳은 어딘가요?
  Where should I go nearby?
  웨얼 슈드 아이 고 니얼바이

❷ 매표소에서

바꿔말하기

학생 입장권 1장 주세요.

A **student** ticket, please.

어 (스튜던트) 티켓 플리즈

가운데 자리 영화표 주세요.

A **middle seat** movie ticket, please.

어 (미들 씻) 무비 티켓 플리즈

학생 2장 공연표 주세요.

Two students, please.

(투 스튜던츠) 플리즈

학생은 할인되나요?

Do you have a **student** discount?

두 유 해버 (스튜던트) 디스카운트

어른 **adult** 어덜트 	학생 **student** 스튜던트 	단체 **group** 그룹 
노인 **senior** 씨니어 	유아 **child** 차일드 	입장권 세트 **ticket set** 티켓 셋 
가운데 자리 **middle seat** 미들 씻 	가장자리(통로 쪽) **aisle seat** 아일 씻 	케이블 승차권 (편도/왕복) **cable car ticket (one way / round-trip)** 케이블 카 티켓(원 웨이 / 라운드 트립) 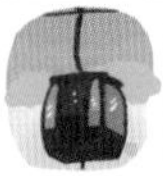

▶ 표를 구입할 때

A: 표 있나요?

Can I buy a ticket?

캔 아이 바이 어 티켓

B: 있어요.

Yes, you can.

예스 유 캔

매진되었어요.

It's sold out.

잇츠 쏠다웃

A: (학생)은 할인되나요?

Do you have a (student) discount?

두 유 해버 (스튜던트) 디스카운트

B: 네, 할인됩니다. 학생증을 보여주세요.

Yes. Could you show me your student ID card?

예스 쿠쥬 쇼 미 유얼 스튜던트 아이디 카드

A: 학생증 여기 있어요.

Here's my student ID.

히얼즈 마이 스튜던트 아이디

입장료는 얼마인가요?

How much is the admission fee?

하우 머치 이즈 디 어드미션 피

B: 50달러입니다.

Fifty dollars.

피프티 달러스

A: (학생) 입장권 1장 주세요.

A (student) ticket, please.

어 (스튜던트) 티켓 플리즈

핵심문장 익히기

- 짐을 어디에 맡기나요?

  Where do I leave my luggage?

  웨얼 두 아이 리브 마이 러기쥐

- 무슨 요일에 휴관합니까?

  What day is it closed?

  왓 데이 이즈 잇 클로즈

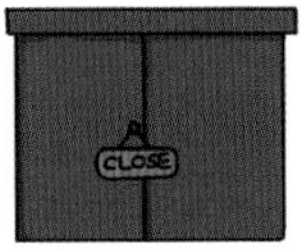

- 개장[폐장] 시간은 언제인가요?

  When is the opening[closing] time?

  웬 이즈 더 오프닝[클로징] 타임

- 자동안내 번역기를 어디에서 빌리나요?

  Where can I borrow an automated translator?

  웨얼 캔 아이 버로우 언 오로메잇 트랜슬레이럴

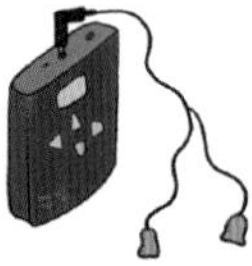

- 자동안내 번역기를 빌리고 싶어요.

  I'd like to borrow an automated translator.

  아이드 라익 투 렌트 언 오로메잇 트랜스레이럴

• 어디에서 관광 유람차를 타나요?

Where can I get on a tourist car?

웨얼 캔 아이 겟 온 어 투어리스트 카

• 화장실이 어디에 있나요?

Where is the restroom?

웨얼 이즈 더 레스트룸

핵심 단어		
유료[무료] 주차 **paid[free] parking** 페이드[프리] 파킹	주차비 **parking fee** 파킹 피	화장실 이용 **toilet use** 터일렛 유즈

❸ 관광지에서

1. 명칭 묻기

바꿔 말하기

이[저] 산 의 이름은 무엇입니까?

What is the name of this[that] mountain ?

왓 이즈 더 네임 오브 디스[댓] (마운틴)

자연물		
산 **mountain** 마운틴 	강 **river** 리버 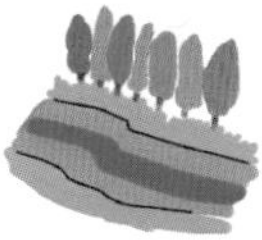	호수 **lake** 레이크 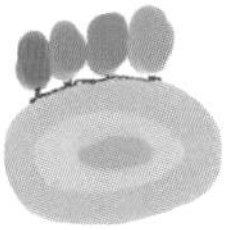

저수지 reservoir 레저브와 	연못 pond 판드 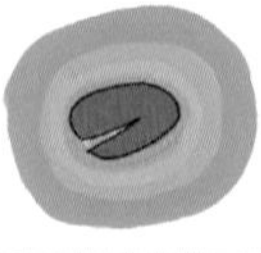	해변 beach 비치 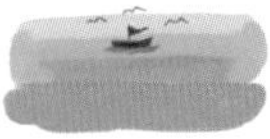
습지 swamp 스왐프 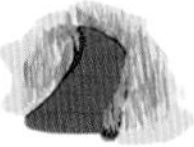	협곡 canyon 캐년 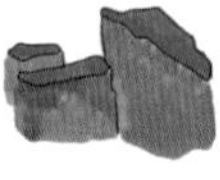	해안 coast 코우스트 
동굴 cave 케이브 	섬 island 아일런드 	삼림 forest 퍼리스트 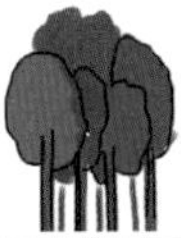
초원 grassland 그래스랜드 	사막 desert 데젓 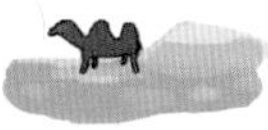	폭포 waterfall 워러펄 

인공자연물

분수 fountain 파운튼 	공원 park 팍 
댐 dam 댐 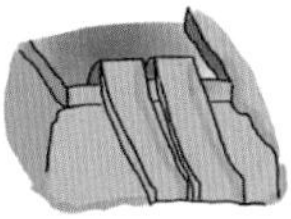	정원 garden 가든 

유적

장성 huge wall 휴즈 월 	명승지 scenic spot 씨닉 스팟 
유적지 historical site 히스토리컬 싸잇 	성 castle 캐슬 

석불
stone statue of Buddha
스톤 스태츄 오브 붓다

불상
statue of Buddha
스태츄 오브 붓다

사찰
temple
템플

탑
tower
타월

무덤
tomb
툼

문
door
도얼
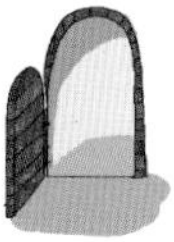

사당
shrine
슈라인

옛날 집
historic house
히스토릭 하우스

고궁
historic palace
히스토릭 팰리스

기념비
memorial
메모리얼

기념관
memorial hall
메모리얼 홀

다리
bridge
브리쥐
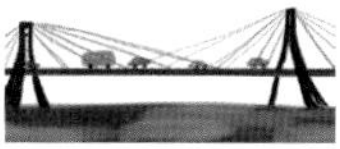

광장
square
스퀘어

성당
Catholic church
캐톨릭 철취

교회
church
철취

박물관
museum
뮤지엄

미술관
art museum
아트 뮤지엄

건물
building
빌딩

대학
university
유니벌씨리

이슬람 사원
mosque
마스크

2. 규모 묻기

바꿔말하기

높이 가 어떻게 되나요?

What is the height ?

왓 이즈 더 (하이트)

규모	
길이 **length** 렝쓰 	넓이 **width** 윗쓰 
무게 **weight** 웨이트 	크기 **size** 싸이즈 

핵심문장 익히기

- 이것의 이름은 무엇인가요?
  What is the name of this?
  왓 이즈 더 네임 오브 디스

- 저것의 이름은 무엇인가요?
  What is the name of that?
  왓 이즈 더 네임 오브 댓

- 누가 여기서 살았나요?
  Who lived here?
  후 리브드 히얼

- 언제 지어졌나요?
  When was it built?
  웬 워즈 잇 빌트

- 이곳에서 가장 유명한 것은 무엇입니까?
  What is the most famous thing here?
  왓 이즈 더 모스트 페이머스 띵 인 히어

- 어디에 쓰는 물건인가요?
  What is this used for?
  왓 이즈 디스 유즈드 포

- 퍼레이드는 언제 시작하나요?
  When does the parade start?
  왠 더즈 더 퍼레이드 스타트

핵심 단어

<table>
<tr><td colspan="2">출입금지
Off Limits
오프 리밋츠
</td><td colspan="2">접근금지
Restricted Area
리스트릭트 에리어
</td><td colspan="2">금연
No Smoking
노 스모킹
</td></tr>
<tr><td colspan="3">조용히 하세요
Be Quiet
비 콰이엇
</td><td colspan="3">손대지 마세요
Do Not Touch
두 낫 터치
</td></tr>
<tr><td colspan="3">들어가지 마세요
Keep Out
킵 아웃
</td><td colspan="3">사진 촬영 금지
No Photographs
노 포로그랩스
</td></tr>
</table>

❹ 사진 촬영

바꿔 말하기

이것은 전원 버튼 입니다.

This is a power button .

디스 이즈 어 (파워 버튼)

사진기 명칭

① 전원 버튼 **power button** 파워 버튼	② 셔터 버튼 **shutter button** 셔터 버튼	③ 셀프타이머 **self timer** 셀프 타이머
④ 내장 플래시 **built-in flash** 빌트 인 플래시		⑤ 렌즈 **lens** 렌즈

▶ 사진 촬영을 부탁할 때

A: 실례지만, 사진 좀 찍어주시겠어요?

Excuse me, but could you take a picture of me?

익스큐즈 미 벗 쿠쥬 테이커 픽쳐 옵 미

B: 어느 버튼을 누르면 되나요?

Which button should I press?

위치 버튼 슈드 아이 프레스

A: 여기 누르면 돼요.

Just press here.

저스트 프레스 히얼

한 장 더 부탁드려요.

Please take another picture.

플리즈 테익 어나덜 픽쳐

감사합니다.

Thank you.

땡큐

▶ 사진 촬영을 허락받을 때

A: 당신의 사진을 찍어도 될까요?

May I take your picture?

메이 아이 테익 유얼 픽쳐

B: 좋아요, 찍으세요.

Okay. Take it.

오케이 테이킷

미안해요, 바빠서요.

I'm sorry because I'm busy.

아임 쏘리 비커즈 아임 비지

A: 사진을 보내드릴게요.

I'll send it to you.

아윌 센딧 투 유

(이메일) 주소를 적어주세요.

Please write down your (e-mail) address.

플리즈 라잇 다운 유얼 (이메일) 애드레스

핵심문장 익히기

- 여기에서 사진 찍어도 되나요?

  Can I take pictures here?

  캔 아이 테익 픽쳘스 히얼

- 여기에서 플래시를 사용해도 되나요?

  Can I use the flash here?

  메이 아이 유즈 더 플래쉬 히얼

- 여기에서 비디오 촬영해도 되나요?

  Can I shoot a video here?

  캔 아이 슛 어 비디오 히얼

- 함께 사진 찍으시겠어요?

  Would you like to take a picture together?

  우쥬 라익 투 테이커 픽쳘 투게덜

❺ 박물관에서

바꿔 말하기

어느 시대의 유물 인가요?

What age is the relic from?

왓 에이지 이즈 더 (레릭) 프럼

박물관	
유물 **relic** 레릭 	도자기 **pottery** 포러리 
화석 **fossil** 파쓸 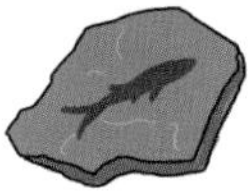	공룡 **dinosaur** 다이노소얼 

핵심문장 익히기

- 이것은 어떤 전시회인가요?
  What kind of exhibit is this?
  왓 카인드 옵 이그지빗 이즈 디스

- 이것은 어디에 쓰는 물건인가요?
  What is this used for?
  왓 이즈 디스 유즈드 포

- 이것의 이름은 무엇인가요?
  What is the name of this?
  왓 이즈 더 네임 오브 디스

• 입구는 어디인가요?
Where is the entrance?
웨얼 이즈 디 엔트랜스

Entrance

• 출구는 어디인가요?
Where is the exit?
웨얼 이즈 디 엑씻

Exit

❻ 예술관 및 공연장에서

바꿔말하기

팬터마임 공연을 하는 곳이 있나요?
Is there a place where pantomeim performances are performed?
이즈 데어러 플레이스 웨어 (팬터마임) 퍼포먼시스 아 퍼폼드

연극 **play** 플레이 	가면극 **masque** 매스크 	아이스쇼 **ice show** 아이스 쇼 
서커스 **circus** 써커스 	발레 **ballet** 밸레이 	팬터마임 **pantomime** 팬터마임 
1인극 **monodrama** 모노드라마 	난타 **Nanta** 난타 	락페스티벌 **rock festival** 락 페스티벌 
콘서트 **concert** 칸써트 	뮤지컬 **musical** 뮤지컬 	클래식 **classical music** 클래시컬 뮤직 

오케스트라 **orchestra** 오키스트러 	마당놀이 **Madangnori** 마당노리 	국악공연  **Korean traditional musical performance** 코리안 트래디셔널 뮤지컬 퍼포먼스

핵심문장 익히기

- 누가 출연하나요?
  Who's starring?
  후즈 스타링

- 어떤 장르인가요?
  What genre is it?
  왓 잔러 이즈 잇

- 공연의 내용을 알고 싶어요.
  I'd like to know what the show is about.
  아이드 라익 투 노우 왓 더 쇼 이즈 어바웃

- 저는 뮤지컬을 좋아하는데 뮤지컬 공연하는 유명한 극장이 있나요?
  I like musicals. Is there a famous theater where musicals are performed?
  아이 라익 뮤지컬스 이즈 데어러 페이머스 씨어러 웨어 뮤지컬스 아 퍼폼드

❼ 스포츠

바꿔말하기

저는 볼링 을 좋아해요

I like bowling .

아이 라익 (보울링)

배드민턴 시합을 보고 싶어요.

I want to watch a badminton game.

아이 원 투 와치 어 (배드민턴) 게임

스포츠 종목

볼링 **bowling** 보울링		암벽등반 **rock-climbing** 락클라이밍	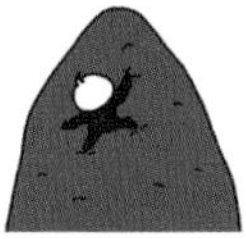
활강 **downhill skiing** 다운힐 스킹		수상그네 **overwater swing** 오버워터 스윙	
페러글라이딩 **paragliding** 패러글라이딩		번지점프 **bungee jump** 번지 점프	
낚시 **fishing** 피쉬		인공 암벽 **sports climbing** 스포츠 클라이밍	
바둑 **go** 고		카레이싱 **car racing** 카 레이씽	
윈드서핑 **windsurfing** 윈드써핑		골프 **golf** 골프	

테니스 **tennis** 테니스 	스키 **skiing** 스킹 
태극권 **Tai chi** 타이 치 	소림무술 **Sorim military art** 소림 밀리터리 아트 
승마 **horseback riding** 홀스백 라이딩 	축구 **soccer** 싸커 
배구 **volleyball** 발리볼 	야구 **baseball** 베이스볼 
농구 **basketball** 배스킷볼 	탁구 **table tennis** 테이블 테니스 
검술 **swordsmanship** 스워즈맨쉽 	수영 **swimming** 스위밍 
경마 **horse racing** 홀스 레이씽 	권투 **boxing** 박씽 
태권도 **taekwondo** 태권도 	검도 **kendo** 켄도 
무에타이 **Muay Thai** 무에이 타이 	격투기 **martial arts** 마샬 아츠 

씨름 **ssireum (Korean wrestling)** 코리안 레슬링 	당구 **billiards** 빌려즈 
배드민턴 **badminton** 배드민튼 	럭비 **rugby** 럭비 
스쿼시 **squash** 스쿼시 	아이스하키 **ice hockey** 아이스 하키 
핸드볼 **handball** 핸드볼 	등산 **(취미) hiking / (전문적) climbing** 하이킹/클라이밍 
인라인스케이팅 **inline skating** 인라인 스케이링 	보트 **boating** 보팅 
사이클 **cycling** 싸이클링 	요가 **yoga** 요가 
스카이다이빙 **skydiving** 스카이 다이빙 	행글라이더 **hang gliding** 헹글라이딩 
피겨스케이트 **figure skating** 피겨 스케이링 	롤러스케이트 **roller skating** 롤러 스케이링 
양궁 **archery** 알쳐리 	스노쿨링 **snorkeling** 스노컬링 

스쿠버다이빙 **scuba diving** 스쿠버 다이빙 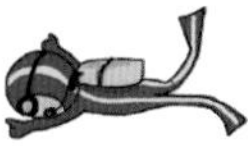	해머던지기 **hammer throwing** 해멀 쓰로잉 
멀리뛰기 **long jump** 롱 점프 	창던지기 **javelin throwing** 쟈버린 쓰로잉 
마라톤 **marathon running** 메라손 러닝 	펜싱 **fencing** 펜싱 
쿵푸 **kung fu** 콩푸 	합기도 **hapkido** 합키도우 
공수도 **karate** 커라티 	레슬링 **wrestling** 레슬링 
스모 **sumo wrestling** 스모우 레슬링 	줄넘기 **jump rope** 점프 로프 
뜀틀 **long horse** 롱 홀스 	에어로빅 **aerobics** 에어로빅스 
아령 **dumb bell** 덤 벨 	역도 **weightlifting** 웨잇리프팅 

▶ 좋아하는 운동, 취미

A: 무슨 운동을 좋아하세요?

What kind of exercise do you like?

왓 카인덥 엑써싸이즈 두 유 라익

B: 저는 (볼링)을 좋아해요.

I like (bowling).

아이 라익 (보울링)

A: 주말에는 주로 뭐하세요?

What do you usually do on weekends?

왓 두 유 유절리 두 온 위켄즈

B: 주말에는 주로 낚시를 하러 가요.

I usually go fishing on weekends.

아이 유절리 고 피싱 온 위켄즈

A: 해보고 싶은 운동이 있으세요?

What kind of exercise do you want to try?

왓 카인덥 액써싸이즈 두 유 원투 트라이

B: 암벽등반을 하고 싶어요.

I want to go rock climbing.

아이 원투 고 락 클라이밍

핵심문장 익히기

- 어느 팀이 경기합니까?

  Which team is playing?

  위치 팀 이즈 플레잉

- 예약을 부탁합니다.

  I'd like to make a reservation.

  아이드 라익 투 메이커 레저베이션

Chapter 04 쇼핑

Unit 01. 상점 찾기

바꿔말하기

백화점 은 어디에 있나요?

Where is the department store ?

웨얼 이즈 더 (디팟먼트 스토얼)

상점 이름

재래시장 **traditional market** 트래디셔널 마켓 	기념품 가게 **souvenir shop** 수비니어 샵 
골동품 가게 **antique shop** 앤틱 샵 	도매시장 **wholesale market** 홀세일 마켓 
쇼핑센터 **shopping center** 쇼핑 센털 	면세점 **duty-free shop** 듀티프리 샵 
이케아 **IKEA** 아이키아 	대형 할인점 **big discount shop** 빅 디스카운트 샵 
서점 **bookstore** 북스토어 	미술관 **art museum** 아트 뮤지엄 

핵심문장 익히기

- ~을 가려면 어디로 가야 하나요?

  Where should I go to ~?

  웨얼 슈다이 고 투 ~

- 쇼핑하기 좋은 곳은 어딘가요?

  Where is a good place to go shopping?

  웨얼 이즈 어 굿 플레이스 투 고 쇼핑

- 저렴하게 물건을 살 만한 곳이 있나요?

  Is there someplace I can buy goods for cheap?

  이즈 데얼 썸플레이스 아이 캔 바이 굿즈 포 칩

- 품질이 좋은 물건을 사려면 어디로 가야 하나요?

  Where do I go to buy a high-quality item?

  웨얼 두 아이 고 투 바이 어 하이 퀄러리 아이름

Unit 02. 물건 구입

바꿔말하기

남방 을 사려고 합니다.

I'd like to buy a shirt .

아이드 라익 투 바이 어 (셔츠)

청바지 는 어디에서 파나요?

Where do you sell jeans ?

웨어 두 유 셀 (진스)

바지 구경 좀 할게요.

Let me see the pants .

렛 미 씨 유얼 (팬츠)

치마 는 몇 층에 있나요?

What floor are the skirts on?

왓 플로얼 아 더 (스커츠) 온

의류매장

정장 **suit** 슛 	청바지 **jeans** 진스 	티셔츠 **T-shirt** 티셔츠 
원피스 **dress** 드레스 	반바지 **shorts** 쇼츠 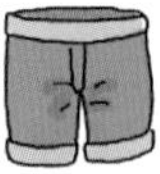	치마 **skirt** 스커트 
조끼 **vest** 베스트 	셔츠 **shirt** 셔츠 	와이셔츠 **dress shirt** 드레스 셔츠 

재킷
jacket
재킷

운동복
sportswear
스포츠웨어

오리털잠바
duck-down jacket
덕다운 재킷

스웨터
sweater
스웨러
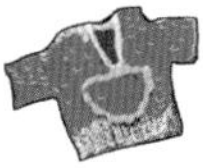

우의
raincoat
레인코웃

내복
long johns
롱 존스

속옷
underwear
언더웨어

팬티
panties/ underpants
팬티즈/언더팬츠
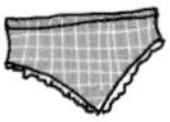

교복
school uniform
스쿨 유니폼

레이스
lace
레이스

단추
button
버튼
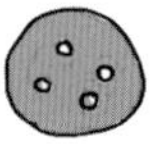

바지
pants
팬츠

버클
buckle
버클

브래지어
bra
브라
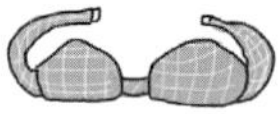

블라우스
blouse
블라우스

소매
sleeve
슬리브

외투
overcoat
오버코웃

지퍼
zipper
지퍼

잠옷
pajamas
퍼자머즈

한복
Korean clothes
코리언 클로우쓰

파티용 드레스
evening dress
이브닝 드레스

신발, 양말

신발
shoes
슈즈

운동화
sneakers
스니커스

구두 **shoes** 슈즈 	부츠 **boots** 부츠 
슬리퍼 **slippers** 슬리퍼스 	조리 **filp-flops** 플립플랍스 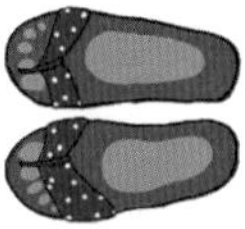
장화(비 올 때 신는) **rain boots** 레인 부츠 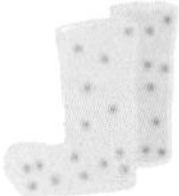	양말 **socks** 싹스 
스타킹 **stockings** 스타킹스 	샌들 **sandals** 쌘들스 

기타 액세사리

모자 **hat** 햇 	가방 **bag** 백 	머리끈 **hair tie** 헤어 타이 
귀걸이 **earrings** 이어링스 	반지 **ring** 링 	안경 **glasses** 글래씨스 
선글라스 **sunglasses** 썬글래씨스 	지갑 **wallet** 월럿 	목도리 **winter scarf** 윈터 스카프 
스카프 **scarf** 스깝프 	손목시계 **wristwatch** 리슷와취 	팔찌 **bracelet** 브래이슬럿 
넥타이 **necktie** 넥타이 	벨트 **belt** 벨트 	장갑 **gloves** 글러브스 

양산 **parasol** 패러썰 	목걸이 **necklace** 넥클러스 	브로치 **brooch** 브로우취 
손수건 **handkerchief** 행커칩 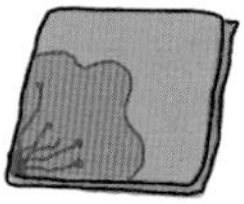	머리핀 **hair pin** 헤어 핀 	
스킨케어류 및 편의점용품		
비누 **soap** 쏘웁 	물티슈 **wet wipe** 웻 와입 	생리대 **pad** 패드 
기저귀 **diaper** 다이퍼 	우산 **umbrella** 엄브렐러 	담배 **cigarette** 씨거렛 
라이터 **lighter** 라이러 	건전지 **battery** 배러리 	쇼핑백 **shopping bag** 쌰핑 백 
종이컵 **paper cup** 페이퍼 컵 	컵라면 **cup noodles** 컵 누들스 	모기약 **mosquito repellent** 머스끼토우 리펠런트 
방취제 **deodorizer** 디오더라이저 	면도크림 **shaving cream** 쉐이빙 크림 	면도날 **razor blade** 레이저 블레이드 
스킨 **skin toner** 스킨 토우너 	로션 **lotion** 로션 	썬크림 **sunscreen** 썬스크린 

샴푸 **shampoo** 섐푸 	린스 **conditioner** 컨디셔너 	치약 **toothpaste** 투쓰페이스트 
칫솔 **toothbrush** 투쓰브러쉬 	손톱깎이 **nail clippers** 네일 클리퍼스 	화장지 **toilet paper** 토일럿 페이퍼 
립스틱 **lipstick** 립스틱 	비비크림 **BB cream** 비비 크림 	파운데이션 **foundation** 파운데이션 
빗 **comb** 코움 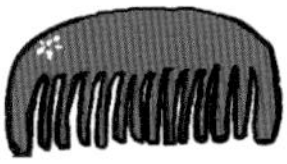	사탕 **candy** 캔디 	껌 **gum** 검 
초콜릿 **chocolate** 처컬릿 	아이섀도 **eye shadow** 아이 쉐도우 	매니큐어 **nail polish** 네일 폴리쉬 
향수 **perfume** 퍼퓸 	마스카라 **mascara** 매스캐러 	파스 **pain relief patch** 페인 릴리프 패취 
카메라 **camera** 캐머러 	붓 **brush** 브러쉬 	책 **book** 북 
거울 **mirror** 미러 	핸드폰 케이스 **cellphone case** 쎌폰 케이스 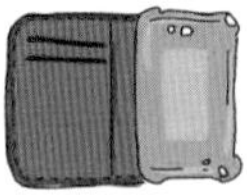	
에센스 **essence** 에쎈스 	수분크림 **moisturizer** 모이스처라이저 	영양크림 **nutrient cream** 누트리언트 크림 

보석

옥 **jade** 제이드 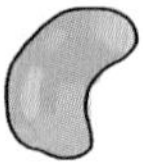	금 **gold** 골드 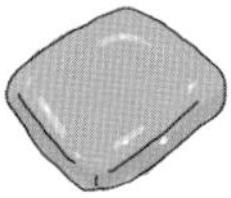
은 **silver** 실버 	청동 **bronze** 브론즈 
가넷 **garnet** 가닛 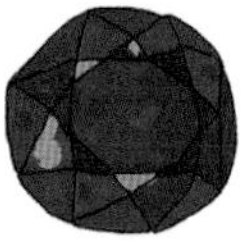	자수정 **violet quartz** 바이얼럿 쿼츠 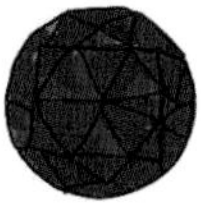
아쿠아마린 **aquamarine** 아쿼마린 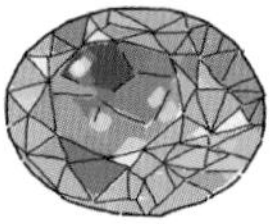	다이아몬드 **diamond** 다이어먼드 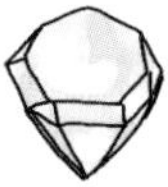
에메랄드 **emerald** 에머럴드 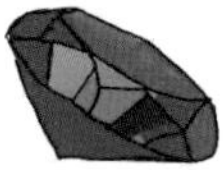	진주 **pearl** 펄 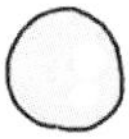
루비 **ruby** 루비 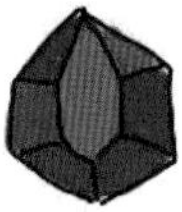	페리도트 **peridot** 페러닷트 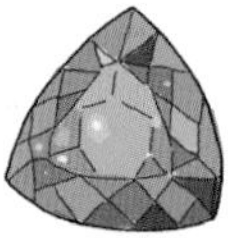
사파이어 **sapphire** 싸파이어 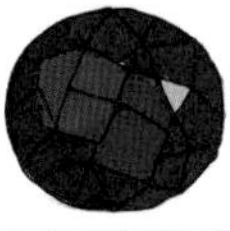	오팔 **opal** 오우플 
토파즈 **topaz** 토패즈 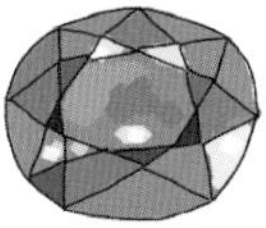	터키석 **turquoise** 터퀘이즈 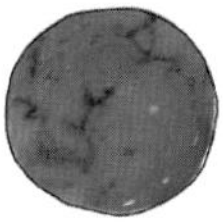

전자제품, 가구

카메라 **camera** 캐머러 	노트북 **notebook** 놋북 	컴퓨터 **computer** 컴퓨러 

핸드폰 **cellphone** 쎌폰 	텔레비전 **television** 텔리비전 
기타	
거실용품 **living room items** 리빙룸 아이듬즈 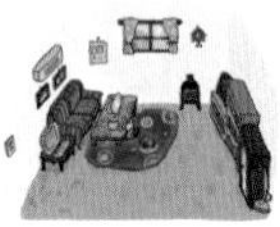	주방용품 **kitchen utensils** 키친 유텐씰스 
골프용품 **golf supplies** 골프 서플라이즈 	침구류 **bedding** 베딩 
장난감 **toy** 토이 	인형 **doll** 돌 
기념엽서 **commemorative postcard** 커메모러팁 포스트카드 	우표 **stamp** 스탬프 

▸ 물건을 구입할 때

A: (청바지)는 어디에서 파나요?

Where do you sell (jeans)?

웨어 두 유 쎌 (진스)

B: 2층에서 팝니다.

They are on the second floor.

데이 아 온 더 쎄컨 플로워

무엇을 도와드릴까요?

What can I do for you?

왓 캔 아이 두 포 유

A: (청바지)를 사려고 해요, 구경 좀 할게요.

I want to buy (jeans). Can I take a look?

아이 원투 바이 (진스) 캔 아이 테이커 룩

B: 편하게 구경하세요.

Feel free to look around.

필 프리 투 룩 어라운드

핵심문장 익히기

- 이것은 무엇입니까?

  What's this?

  왓 이즈 디스

- 저것은 무엇입니까?

  What's that?

  왓 이즈 댓

- 언제 문을 여나요?

  When do you open?

  웬 두 유 오픈

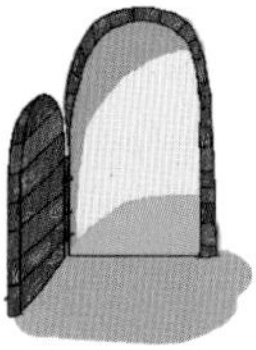

- 언제 문을 닫나요?

  When do you close?

  웬 두 유 클로즈

Unit 03. 물건 고르기

❶ 물건 찾기

바꿔말하기

더 큰 사이즈 를 보여주세요.

Could you show me larger size ?

쿠쥬 쇼 미 (라저 사이즈)

이것 **this** 디스 	저것 **that** 댓 	더 큰 사이즈 **larger size** 라저 사이즈 
더 작은 사이즈 **smaller size** 스몰러 사이즈 	유행상품 **trendy goods** 트렌디 굿즈 	다른 종류 **different styles** 디퍼런 스타일스 
다른 디자인 **different design** 디퍼런 디자인 	다른 색깔 **different color** 디퍼런 컬러 	신상품 **new product** 뉴 프라덕트 

핵심단어

더 화려한 **more colorful** 모어 컬러풀 	더 수수한 **more modest** 모어 마디스트 	더 무거운 **heavier** 헤비어 
더 가벼운 **lighter** 라이러 	더 긴 **longer** 롱거 	더 짧은 **shorter** 쇼러 

더 싼 **cheaper** 취퍼 	더 비싼 **more expensive** 모어 익스펜씨브 	몇몇의 **some** 썸 

❷ 색상

바꿔말하기

저는 빨간색 을 원합니다.

I want a red color.

아이 원트 어 (레드) 컬러

빨간색 **red** 레드 	주황색 **orange** 어린쥐 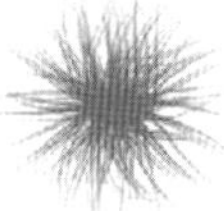
노란색 **yellow** 옐로우 	초록색 **green** 그린 
파란색 **blue** 블루 	남색 **navy** 네이비 
보라색 **purple** 퍼플 	상아색 **ivory** 아이버리 
황토색 **red brown** 레드 브라운 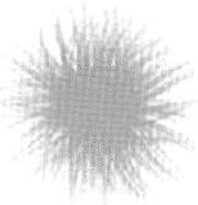	검은색 **black** 블랙 

회색 **gray** 그레이 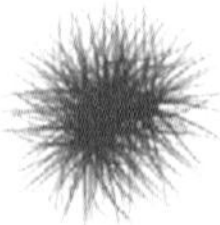	흰색 **white** 와잇 
갈색 **brown** 브라운 	분홍색 **pink** 핑크 
하늘색 **sky-blue** 스카이블루 	

❸ 재질

바꿔 말하기

면 으로 된 옷을 보여주세요.

Can you show me clothes made of cotton ?

캔 유 쇼우 미 클로쓰 메이드 오브 (코튼)

면 **cotton** 코튼 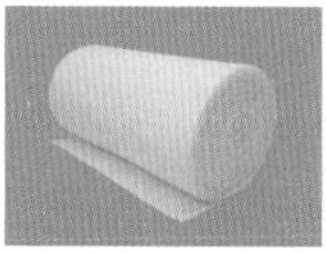	마 **hemp** 헴 
실크 **silk** 실크 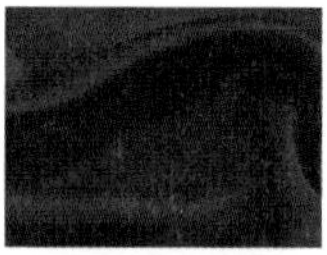	울 **wool** 울 
가죽 **leather** 래덜 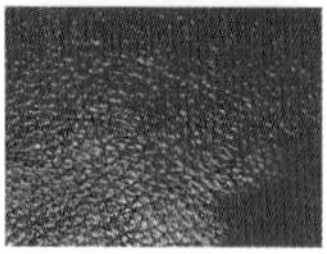	폴리에스테르 **polyester** 폴리에스털 

❹ 착용

바꿔말하기

입어봐도 될까요?

May I try it on ?

메 아이 (트라이) 잇 (온)

입어보다 **try on** 트라이 온 	신어보다 **try on** 트라이 온 
메다 **shoulder** 숄더 	먹다 **eat** 잇 
바르다 **put on** 푸론 	들다 **hold** 홀드 
만지다 **touch** 터취 	착용하다 **put on** 푸론 

▸ 치수, 색상, 재질 등을 물어볼 때

A: (이것) 좀 보여주세요.

Show me (this), please.

쇼우 미 (디스) 플리즈

B: 치수가 어떻게 되세요?

What size do you want?

왓 사이즈 두 유 원트

A: 제 치수는 (S/M/L)예요.

I'm a (small/medium/large).

아임 어 (스몰/미디엄/라지)

제 사이즈를 잘 모르겠어요.

I don't know my size.

아이 돈 노우 마이 사이즈

사이즈를 재주세요.

Please take my measurements.

플리즈 테이크 마이 메절먼트

B: 스몰 사이즈 입으시면 되겠네요.

You can wear a small size.

유 캔 웨얼 어 스몰 사이즈

A: 옷은 어디에서 갈아입죠?

Where do I change my clothes?

웨얼 두 아이 체인지 마이 클로쓰

B: 탈의실에서 갈아입으세요.

Please change your clothes in the dressing room.

플리즈 체인지 유얼 클로즈 인 더 드레싱 룸

A: 저한테 어울리나요?

Does it look good on me?

더즈 잇 룩 굿 온 미

B: 잘 어울려요.

It looks good on you.

잇 룩스 굿 온 유

A: 이 색깔이 저한테 어울리나요?

Does the color fit me?

더즈 더 컬러 핏 미

B: 잘 어울려요

It looks good on you.

잇 룩스 굿 온 유

A: (다른 색깔)을 보여주세요.

Show me (another color), please.

쇼 미 (어나덜 컬러) 플리즈

무슨 색깔이 있나요?

What colors do you have?

왓 컬러즈 두 유 해브

B: 빨간색과 흰색이 있습니다.

We have red and white.

위 해브 레드 앤 화이트

A: 저는 (빨간색)을 원합니다.

I want (red).

아이 원트 (레드)

이것의 재질은 무엇입니까?

What material is this?

왓 매티어리얼 이즈 디스

B: 이것은 폴리에스테르입니다.

This is polyester.

디스 이즈 폴리에스털

A: (면) 제품을 보여주세요.

Please show me the (cotton) clothing.

플리즈 쇼 미 더 (코튼) 클로딩

핵심문장 익히기

- 진품인가요?

  Is this genuine?

  이즈 디스 제뉴인

- 필요없어요.

  I don't need it.

  아이 돈 니딧

- 안 사요.

  I don't want to buy it.

  아이 돈 원 투 바이 잇

- 돈이 없어요.

  I don't have money.

  아이 돈 햅 머니

- 좀 더 둘러보고 올게요.

  I'll look around more.

  아월 룩 어라운드 모어

Unit 04. 물건 사기

바꿔말하기

이것은 100달러 입니다.

This is one hundred dollars .

디스 이즈 (원 헌드래드 달러스)

동전

1센트
one cent
원 센트

5센트
five cents
파이브 센츠

10센트
ten cents
텐 센츠

25센트
twenty-five cents
투웨니 파이브 센츠

50센트
fifty cents
피프티 센츠

지폐

1달러
one dollar
원 달러

2달러
two dollars
투 달러스

5달러
five dollars
파이브 달러스

10달러
ten dollars
텐 달러스

20달러
twenty dollars
투웬티 달러스

50달러
fifty dollars
피프티 달러스

100달러

one hundred dollars
원 헌드레드 달러스

바꿔 말하기

50% 할인됩니다.

Fifty percent off.

(피프티 퍼센트) 오프

할인

90%
ninety percent
나인티 퍼센트

80%
eighty percent
에잇티 퍼센트

70%
seventy percent
세븐티 퍼센트

60%
sixty percent
식스티 퍼센트

50%
fifty percent
피프티 퍼센트

바꿔 말하기

신용카드 로 결제할게요.

I'll pay with a credit card .

아윌 페이 위더 (크레딧 카드)

결제

여행자수표
traveler's check
트래블러 체크

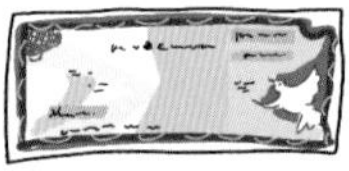

현금
cash
캐쉬

신용카드
credit card
크레딧 카드

체크카드
check card
체크 카드

▸ 물건 구매와 흥정

A: 이건 얼마예요?

How much is it?

하우 머치 이즈 잇

B: (12달러)예요.

It's (twelve dollars).

잇츠 (투웰브 달러즈)

A: 얼마나 할인된 가격인가요?

How much discount is it?

하우 머치 디스카운트 이즈 잇

B: (50%) 할인된 가격이에요.

(Fifty percent) off.

(피프티 퍼센트) 오프

A: 더 깎아주실 수 없나요?

Could you give me a bigger discount?

쿠쥬 깁 미 어 비거 디스카운트

B: 그건 좀 곤란합니다.

That's a bit difficult.

댓츠 어 빗 디피컬트

A: 지금 현금이 (11달러)뿐인데 (1달러)만 더 깎아주세요.

I have (eleven dollars) in cash right now, so I want (a dollar) discounted.

아이 해브 (일레븐 달러즈) 인 캐쉬 라잇 나우 소 아이 원트 (어 달러) 디스카운트

B: 알겠습니다. 그래요. 그럼.

Okay. Yeah.

오케이 예

A: 감사합니다.

Thank you.

땡큐

핵심문장 익히기

- 이것이 마음에 드네요.

  I like this.

  아이 라익 디스

- 이것으로 주세요.

  Give me this.

  깁미 디스

계산

- 계산해주세요.

  Check, please.

  체크 플리즈

- 현금인출기가 어디 있나요?

  Where is the ATM?

  웨얼 이즈 디 에이티엠

• 영수증 주세요.

Receipt, please.

리씻 플리즈

포장

• 이것은 다른 사람에게 줄 선물이에요.

This is a gift for someone else.

디스 이즈 어 기프트 포 썸원 엘스

• 따로따로 포장해주세요.

Please wrap them separately.

플리즈 랩 뎀 쎄퍼레잇리

• 같이 포장해주세요.

Please wrap them together.

플리즈 랩 뎀 투게더

• 가격표를 떼주세요.

Please remove the price tag.

플리즈 리무브 더 프라이스 태그

• 배송해주세요.

Please deliver this.

플리즈 딜리버 디스

• 오늘 배송이 가능한가요?

Can you ship it today?

캔 유 쉽 잇 투데이

• 배달료는 얼마인가요?

How much is the delivery fee?

하우 머치 이즈 더 딜리버리 피

• 이 주소로 보내주세요.

Please send it to this address.

플리즈 센딧 투 디스 애드레스

• 구입한 것이 배달되지 않았어요.

What I bought was not delivered.

왓 아이 보우트 워즈 낫 딜리벌드

교환, 환불

• 사이즈가 안 맞아요.

It doesn't fit.

잇 더즌 핏

• 디자인이 마음에 안 들어요.

I don't like the design.

아이 돈 라익 더 디자인

• 물건에 흠이 있어요.

There's a defect in the item.

데얼즈 어 디펙트 인 디 아이템

• 작동을 안 해요.

It doesn't work.

잇 더즌 월크

- 파손됐어요.
  It's damaged.
  잇츠 데미지드

- 망가졌어요.
  It's broken.
  잇츠 브로큰

- 찢어졌어요.
  It's ripped.
  잇츠 립트

- 환불해주세요.
  Please give me a refund.
  플리즈 깁 미 어 리펀드

- 교환해주세요.
  Please exchange the item.
  플리즈 익스체인지 디 아이템

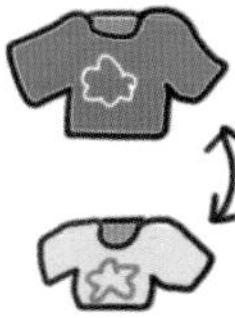

- 이것을 고쳐주세요.
  Please fix this.
  플리즈 픽스 디스

- 아직 사용하지 않았어요.
  I haven't used it yet.
  아이 해븐 유즈딧 옛

• 영수증 여기 있습니다.

Here's the receipt.

히얼즈 더 리씻

❶ 과일 사기

바꿔말하기

딸기 는 1kg에 얼마예요?

How much is 1 kg of strawberries ?

하우 머치 이즈 원 킬로그램 어브 (스트로베리즈)

과일		
연무 **wax apple** 왁스 애플 	용안 **longan** 롱건 	리치 **litchi** 리취 
망고 **mango** 맹고우 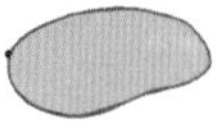	비파 **loquat** 로우쾃 	망고스틴 **mangosteen** 맹거스틴 
산사 **haw** 허 	유자 **citron** 씨트런 	람부탄 **rambutan** 람부탄 
사과 **apple** 애플 	배 **pear** 페어 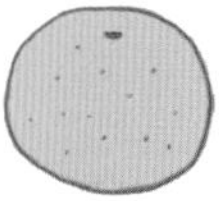	귤 **clementine** 클레멘타인 
수박 **watermelon** 워러멜런 	포도 **grape** 그레입 	복숭아 **peach** 피취 

멜론 **melon** 멜런 	오렌지 **orange** 어린쥐 	레몬 **lemon** 레먼 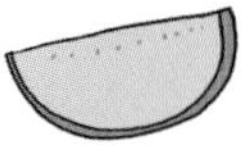
바나나 **banana** 버내너 	자두 **plum** 플럼 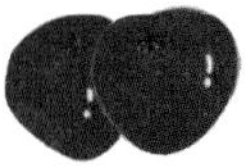	두리안 **durian** 두리언 
살구 **apricot** 애프리캇 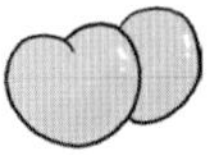	감 **persimmon** 퍼씨먼 	참외 **oriental melon** 어리엔틀 멜런
파인애플 **pineapple** 파인애플 	키위 **kiwi** 키위 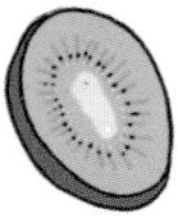	코코넛 **coconut** 코커넛 
사탕수수 **sugarcane** 슈거캐인 	구아바 **guava** 과버 	밤 **chestnut** 체스트넛 
대추 **jujube** 주주비 	딸기 **strawberry** 스트로베리 	건포도 **raisin** 레이즌 
체리 **cherry** 체리 	블루베리 **blueberry** 블루베리 	라임 **lime** 라임 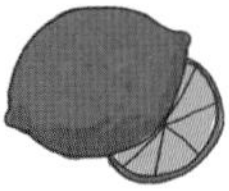
무화과 **fig** 피그 	석류 **pomegranate** 파머그래닛 	

▶ 과일을 살 때

A: 무엇을 사시겠습니까?

What would you like to buy?

왓 우쥬 라익 투 바이

B: (오렌지) 1kg에 얼마예요?

How much is 1 kg of (oranges)?

하우 머취즈 원 킬로그램 업 (어린쥐스)

A: 10달러입니다.

Ten dollars.

텐 달러스

B: 1kg 주세요.

1 kg please.

원 킬로그램 플리즈

핵심문장 익히기

• 이 과일은 어떻게 먹나요?

How do I eat this food?

하우 두 아이 잇 디스 푸드

• 이 과일 맛이 어때요?

How does this fruit taste?

하우 더즈 디스 프룻 테이스트

• 싱싱한 것으로 주세요.

Give me something fresh.

깁 미 썸띵 프래쉬

- 어느 과일이 달달한가요?
  Which fruit is sweet?
  위치 프룻 이즈 스윗

- 어느 과일이 새콤한가요?
  Which fruit is sour?
  위치 프룻 이즈 사워

- 어느 과일이 맛있나요?
  Which fruit is delicious?
  위치 프룻 이즈 딜리셔스

❷ 채소 사기

바꿔말하기

고수나물 1kg에 얼마예요?
How much is 1 kg of coriander ?
하우 머치 이즈 원 킬로그램 오브 (커리앤더)

채소

고수나물 **coriander** 커리앤더 	샐러리 **celery** 쎌러리 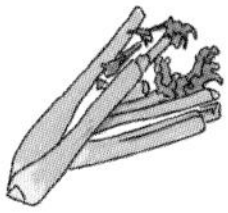	양상추 **(iceberg) lettuce** (아이스벅) 레티스 
애호박 **zucchini** 주키니 	당근 **carrot** 캐럿 	피망 **bell pepper** 벨 페퍼 

버섯 **mushroom** 머쉬룸 	감자 **potato** 포테이도 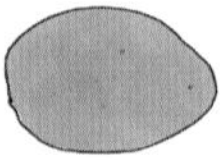	고추 **chili pepper** 칠리 페퍼 
토마토 **tomato** 토메이도 	무 **radish** 래디쉬 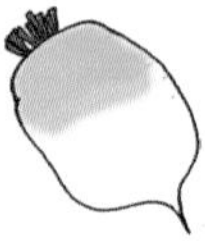	배추 **napa cabbage** 나파 캐비쥐 
마늘 **garlic** 갈릭 	우엉 **burdock root** 버닥 루트 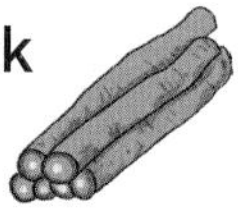	상추 **lettuce leaf** 레티스 립 
시금치 **spinach** 스피니취 	양배추 **cabbage** 캐비쥐 	브로콜리 **broccoli** 브라컬리 
양파 **onion** 어니언 	호박 **pumpkin** 펌킨 	고구마 **sweet potato** 스윗 포테이도 
오이 **cucumber** 큐컴버 	파 **green onion** 그린 어니언 	콩나물 **bean sprouts** 빈 스프라우츠 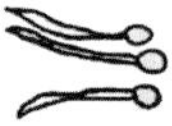
생강 **ginger** 진저 	미나리 **water dropwort** 워러 드랍웟 	옥수수 **corn** 콘 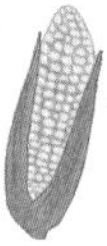
가지 **eggplant** 에그플랜트 	송이버섯 **pine mushroom** 파인 머쉬룸 	죽순 **bamboo shoot** 뱀부 슛 

파슬리 **parsley** 파실리 	도라지 **balloon flower** 벌룬 플라워 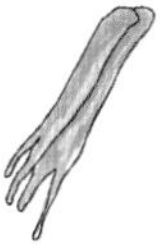	깻잎 **perilla leaf** 페릴라 립 
고사리 **bracken** 브래컨 	청양고추 **Cheongyang chili pepper** 청양 칠리 페퍼 	팽이버섯 **enoki mushroom** 이노키 머쉬룸 
올리브 **olive** 알리브 	쑥갓 **crown daisy** 크라운 데이지 	
인삼 **ginseng** 진셍 	홍삼 **red ginseng** 레드 진셍 	

핵심문장 익히기

- 싱싱한 것으로 주세요.
  Give me something fresh.
  깁 미 썸띵 프레쉬

- 이것을 저울에 달아주세요.
  Please weigh this on the scale.
  플리즈 웨이트 디스 온 더 스케일

- 비닐봉투를 주세요.
  Please give me a plastic bag.
  플리즈 깁 미 어 플라스틱 백

Chapter 05 식사

Unit 01. 음식점 찾기, 예약

❶ 음식점 찾기

바꿔 말하기

이태리 음식점을 추천해주세요.

Please recommend an Italian restaurant.

플리즈 리코멘드 언 (이탈리언) 레스트런트

음식점

중국(의) **Chinese** 차이니즈 	한국(의) **Korean** 코리언 	일본(의) **Japanese** 재패니즈 
뷔페 **buffet** 버펫 	프랑스(의) **French** 프렌취 	이태리(의) **Italian** 이탈리언 
인도(의) **Indian** 인디안 	태국(의) **Thai** 타이 	저렴한 **cheap** 칩
고급 **high class** 하이 클래스	전문 **specialty** 스페셜티	

핵심단어

가까운 **close** 클로즈 	맛있는 **delicious** 딜리셔스 
길거리 음식 **street food** 스트릿 푸드 	이 지방의 전통요리 **local dish** 로컬 디쉬

바꿔말하기

피자헛 어디 있나요?

Where is Pizza Hut ?

웨얼 이즈 (핏짜 헛)

패스트푸드 / 분식 / 기타

제과점 **bakery** 베이커리 	패스트푸드점 **fast-food restaurant** 패스트푸드 레스트런트 	KFC **KFC** 케이에프씨
맥도날드 **McDonald's** 맥도널즈	피자헛 **Pizza Hut** 핏짜 헛	롯데리아 **Lotteria** 로테리아
파파이스 **Popeyes** 파파이스	재즈바 **jazz bar** 재즈 바 	커피숍 **coffee shop** 커피 샾 

❷ 음식점 예약

바꿔말하기

방 을 예약해주세요.

Please book me a room .

플리즈 북 미 어 (룸)

창가자리 **window seat** 윈도우 씻 	금연석 **non smoking seat** 논 스모킹 씻 
흡연석 **smoking seat** 스모킹 씻 	조용한 자리 **quiet seat** 콰이엇 씻 

▶ 예약할 때

A: 예약이 필요한가요?

Do I need a reservation?

두 아이 니드 어 레절베이션

B: 네, 필요합니다.

Yes, you need one.

예스 유 니드 원

아니요, 그냥 오세요.

No. We just accept walk-ins.

노 위 저스트 억셉트 워킨스

A: (저녁 6시, 5명) 예약해주세요.

I'd like to reserve (five seats for six o'clock this evening).

아이드 라익 투 리절브 (파이브 씨츠 포 식스 어 클락 디스 이브닝)

죄송합니다, 예약을 취소할게요.

I'm sorry. I'll cancel my reservation.

아임 쏘리 아윌 캔슬 마이 레절베이션

핵심문장 익히기

- (지도나 책을 가리키며) 이 식당은 어디 있나요?

  Where is this restaurant?

  웨얼 이즈 디스 레스트런트

- 몇 시에 문을 여나요[닫나요]?

  What time do you open[close]?

  왓 타임 두 유 오픈[클로즈]

Unit 02. 음식점에서

❶ 음식 주문하기 – 대표 요리

바꿔 말하기

햄버거 주세요.

Hamburger , please.

(햄버거) 플리즈

서양요리		
햄버거 **hamburger** 햄버거 	피자 **pizza** 핏짜 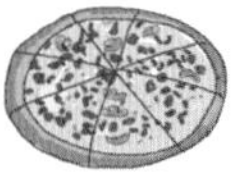	스테이크 **steak** 스테익 
칠면조구이 **roast turkey** 로스트 터키 	핫도그 **hot dog** 핫도그 	마카로니 앤 치즈 **macaroni and cheese** 매커로니 앤 취즈 
클램 차우더 **clam chowder** 클램 차우더 	포테이토칩 **potato chips** 포테이토 칩스 	바비큐 **barbecue** 바비큐 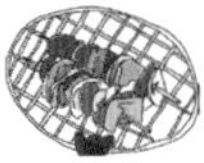
파스타 **pasta** 파스타 	바게트 **baguette** 배켓 	크루아상 **croissant** 크르와쌍 
타르트 **tart** 타르트 	크레페 **crape** 크레잎 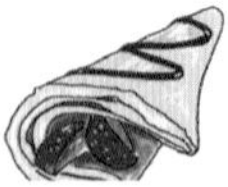	에스카르고 **escargot** 에스카고 
푸아그라 **foie gras** 푸와 그라 	샌드위치 **sandwich** 쌘드위취 	파니니 **panini** 파니니 

프라이드치킨
fried chicken
프라이드 치킨

리조또
risotto
리조토

피시 앤 칩스
fish and chips
피쉬 앤 칩스

치아바타
ciabatta
춰바타

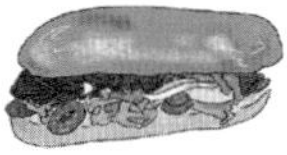

프리타타
frittata
프리타라

뇨끼
gnocchi
뇨키

와플
waffle
와플

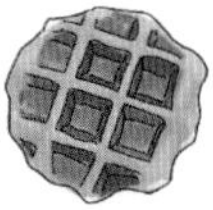

한국식당요리

라면
ramen
라멘

냉면
cold noodles
코울드 누들스

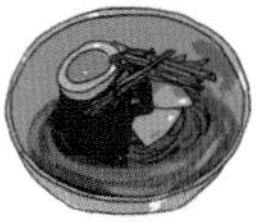

삼계탕
samgyetang (ginseng chicken soup)
쥔셍 취킨 쑵

된장찌개
doenjang jjigae (soybean paste stew)
쏘이빈 페이스트 스튜

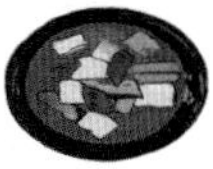

청국장찌개
cheonggukjang jjigae (rich soybean paste stew)
리취 쏘이빈 페이스트 스튜

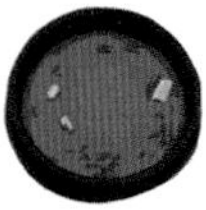

순두부찌개
sundubu jjigae (soff tofu stew)
쏘프트 토푸 스튜

부대찌개
budae jjigae (sausage stew)
쏘시쥐 스튜

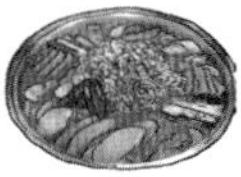

갈비탕
galbitang (short rib soup)
숏 립 쑵

감자탕
gamjatang
(pork back-bone stew)
폭 백본 스튜

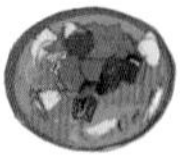

설렁탕
seolleongtang
(ox bone soup)
악스 본 숩

비빔밥
bibimbap
비빔밥

돌솥비빔밥
dolsot bibimbap
(hot stone pot bibimbap)
핫 스톤 팟 비빔밥

떡볶이
tteokbokki
(stir-fried rice cake)
스테프라이드 라이스 케익

순대
sundae
(Korean sausage)
코리언 쏘시쥐

오뎅탕
odentang
(fish cake soup)
피쉬 케익 숩

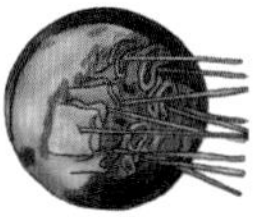

찐빵
jjinppang
(steamed bun)
스팀드 번

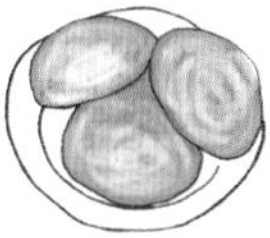

팥빙수
patbingsu(shaved ice with sweetened red beans and other toppings)
쉐입드 아이스 윗 스위트 레드 빈스 앤 아더 토핑스

떡
rice cake
라이스 케익

해물파전
haemul pajeon(seafood and green onion pancake)
씨푸드 앤 그린 어니언 팬 케익

김밥
gimbap
김밥

간장게장
ganjang gejang
(soy sauce marinated crab)
쏘이 쏘스 매리네이디드 크랩

김치 **kimchi** 김치 	삼겹살 **samgyeopsal (grilled pork belly)** 그릴드 폭 벨리 
족발 **jokbal(pig's feet)** 픽스 핏 	

바꿔말하기

이 요리의 재료는 닭 입니다.

The ingredient of this dish is chicken .

디 잉그리디언트 오브 디스 디쉬 이즈 (치킨)

요리 재료

육류 **meat** 미트 	조류 **poultry** 폴트리 	파충류 **reptile** 렙타일 
해조류 **seaweed** 씨위드 	생선 **fish** 피쉬 	소 **beef** 비프 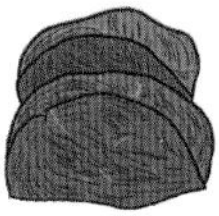
닭 **chicken** 치킨 	새우 **shrimp** 쉬림프 	조기 **croaker** 크로컬 
돼지 **pork** 포크 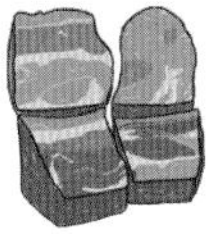	오리 **duck** 덕 	오징어 **squid** 스퀴드 

갈치 **hairtail** 헤어테일 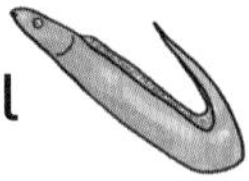	양 **sheep** 쉽 	거위 **goose** 구스 
게 **crab** 크랩 	잉어 **carp** 카프 	염소 **goat** 고트 
문어 **octopus** 악터퍼스 	붕어 **crucian carp** 크루션 카프 	달걀 **egg** 에그 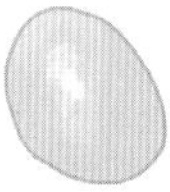
가재 **crawfish** 클뤄피쉬 	장어 **eel** 이얼 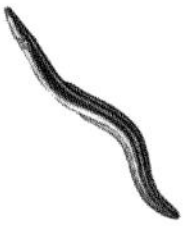	뱀 **snake** 스네이크 
조개 **shellfish** 쉘피쉬 	개구리 **frog** 프로그 	굴 **oyster** 오이스터 
미나리 **water parsley** 워러 파슬리 	옥수수 **corn** 콘 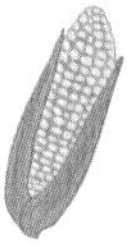	두부 **tofu** 토푸 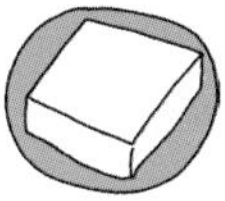
가지 **eggplant** 에그플랜트 	콩나물 **bean sprouts** 빈 스프라우츠 	송이버섯 **pine mushroom** 파인 머쉬룸 
송로버섯 **truffle** 트러플 	오이 **cucumber** 큐컴벌 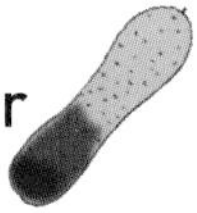	토마토 **tomato** 토메이로 

요리방식

데치다 **blanch** 블랜취 	굽다 **(빵을) bake/ (고기 등을) roast** 베익/로스트 	튀기다 **fry** 프라이 
찌다 **steam** 스팀 	무치다 **season** 씨즌 	볶다 **stir-fry** 스터프라이 
훈제하다 **smoke** 스목 	끓이다 **boil** 보일 	삶다 **boil** 보일 
섞다 **blend** 블렌드 	휘젓다 **stir** 스터 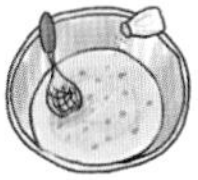	밀다 **roll** 롤 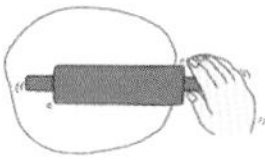
얇게 썰다 **thinly slice** 씬니 슬라이스 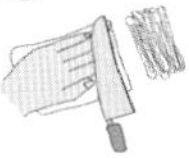	손질하다 **trim** 트림 	반죽하다 **knead the dough** 니드 더 도우 

❷ 종업원에게 뭔가를 요구할 때

바꿔말하기

포크 주세요.

Give me a fork, please.

깁 미 어 (포크) 플리즈

수저 를 바꿔주세요.

Please change my spoon and chopsticks.

플리즈 체인지 마이 (스푼 앤 찹스틱스)

식기, 양념, 후식

그릇 **bowl** 보울 	머그컵 **mug** 머그 	포크 **fork** 포크 
숟가락 **spoon** 스푼 	접시 **plate** 플레이트 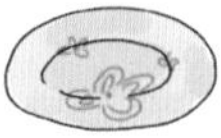	젓가락 **chopsticks** 찹스틱스 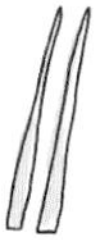
나이프 **knife** 나잎 	냅킨 **napkin** 냅킨 	국자 **ladle** 레이들 
따뜻한 물 **warm water** 웜 워럴 	시원한 물 **ice water** 아이스 워럴 	소금 **salt** 쏠트 
후추 **pepper** 페퍼 	간장 **soy sauce** 쏘이 쏘스 	설탕 **sugar** 슈거 
아이스크림 **ice cream** 아이스 크림 	커피 **coffee** 커피 	과일 **fruit** 프룻츠 
디저트 **dessert** 디절트 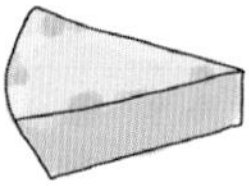	와인 **wine** 와인 	

▶ 음식점에서

A: (훈제요리) 좋아하세요?

Do you like (smoked food)?

두 유 라익 (스목트 푸드)

B: 네, 좋아합니다.

Yes, I like it.

예스 아이 라이킷

A: 그럼 오늘 오리훈제 먹으러 갈래요?

So do you want to get some smoked duck today?

써 두 유 원투 겟 썸 스모크 덕 투데이

B: 좋지요.

Sure.

슈어

A: 오늘은 제가 한턱 낼게요.

I'll treat you today.

아일 트릿츄 투데이

B: 감사합니다.

Thank you.

쌩큐

▸ 식사를 주문할 때

A: 종업원!

Excuse me, waiter!

익스큐즈 미 웨이터

B: 주문하시겠어요?

May I take your order?

메이 아이 테익 유얼 오덜

A: 식사 전에 와인을 먼저 주문할게요.

I'd like to order some wine before the meal.

아이드 라익 투 오덜 썸 와인 비폴 더 미얼

주문할게요.

I'd like to order.

아이드 라익 투 오덜

조금 있다 주문할게요.

I'd like to order a few more minutes.

아이드 라익 투 오덜 어 퓨 모어 미닛츠

B: 무엇을 주문하시겠어요?

What would you like to order?

왓 우쥬 라익 투 오더

A: (이태리 피자) 주세요.

(Italian pizza), please.

(이탈리언 피자) 플리즈

이것으로 주세요.

Please give me this.

플리즈 깁 미 디스

같은 것으로 주세요.

I'll have the same.

아윌 해브 더 세임

(다른 사람의 음식을 가리키며) 저것과 같은 것으로 주세요.

Like that, please.

라익 댓 플리즈

제가 시킨 요리는 얼마나 기다려야 하나요?

How long should I wait until it's ready?

하우 롱 슈드 아이 웨잇 언틸 잇츠 레디

주문을 바꿔도 되나요?
May I change my order?
메이 아이 체인지 마이 오덜

주문을 취소하고 싶어요.
I'd like to cancel my order.
아이드 라익 투 캔쓸 마이 오덜

자리를 바꿔주세요.
Can I please change my seat?
캔 앙 플리즈 체인지 마이 씻

핵심문장 익히기

메뉴 선택

- 오늘의 추천 요리는 무엇인가요?
  What is today's special?
  왓 이즈 투데이즈 스페셜

- 이 지역의 유명 요리는 무엇인가요?
  What dish is known for in this area?
  왓 디쉬 이즈 노운 포 인 디스 에어리어

- 담백한 요리는 무엇인가요?
  What is a mild dish?
  왓 이즈 어 마일드 디쉬

- 메뉴판을 주세요.
  Please give me the menu.
  플리즈 깁 미 더 메뉴

• 사진 있는 메뉴판은 없나요?

Do you have a menu with pictures?

두 유 해브 어 메뉴 위드 픽쳘스

• 이것은 유료인가요?

Do I have to pay for it?

두 아이 햅투 페이 포 잇

식사 질문

• 이 요리는 어떻게 먹나요?

How do I eat this dish?

하우 두 아이 잇 디스 디쉬

• 디저트 있나요?

Do you have any dessert?

두 유 해브 애니 디절트

식사 시 요구

• 이것 좀 더 주세요.

Can I get a refill?

캔 아이 겟 어 리필

• 접시를 치워주세요.

Could you please take the plates?

쿠쥬 플리즈 테익 더 플레이츠

• 주문한 요리가 안 나왔어요.

The food I ordered hasn't come yet.

더 푸드 아이 오덜드 해즌 컴 옛

- 주문한 요리가 아니에요.

It's not my order.

잇츠 낫 마이 오덜

- 요리가 덜 익었어요.

This is undercooked.

디스 이즈 언더쿡드

- 요리가 너무 구워졌어요.

This is overdone.

디스 이즈 오벌던

- 이것을 데워주세요.

Please warm this up.

플리즈 웜 디스 업

- 여기에 이물질이 들어 있어요.

There's something in here.

데얼즈 썸띵 인 히얼

- 남은 음식을 싸주세요.

Please pack up the leftovers.

플리즈 팩 업 더 레프트오벌스

계산

- 계산해주세요.

Check, please.

체크 플리즈

- 얼마예요?

  How much is it?

  하우 머치 이즈 잇

- 제가 낼게요.

  It's on me.

  이츠 온 미

- 따로 따로 계산할게요.

  We'll pay separately.

  위윌 페이 쎄퍼레잇리

- 계산이 잘못됐어요.

  The bill is wrong.

  더 빌 이즈 롱

- 이것은 팁이에요.

  Here's a tip.

  히얼즈 어 팁

▶ 테이크아웃 유무

A: 여기서 드시겠어요, 가지고 가실 거예요?

For here or to go?

포 히어 올 투 고

B: 여기서 먹을 겁니다.

For here.

포 히어

Unit 03. 술집에서

바꿔 말하기

맥주 주세요.

I'll have a beer, please.

아윌 해브 어 (비어) 플리즈

주류

맥주 **beer** 비어 	고량주 **kaoliang wine** 까우리앵 와인 	하이네켄 **Heineken** 하이네켄 
버드와이저 **Budweiser** 버드와이절 	기네스 **Guinness** 기니스 	소주 **soju** 소주 
호가든 **Hoegaarden** 호가든 	밀러 **Miller** 밀러 	샴페인 **champagne** 샘페인 
양주 **liquor** 리커 	럼 **rum** 럼 	위스키 **whiskey** 위스키 
보드카 **vodka** 보드카 	데킬라 **tequila** 데킬러 	레드와인 **red wine** 레드 와인 
화이트와인 **white wine** 와잇 와인 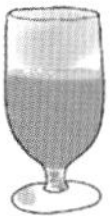	브랜디 **brandy** 브랜디 	마티니 **Martini** 마티니 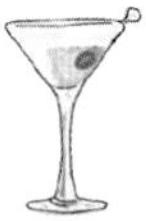
칼바도스 **Calvados** 캘버도스 	사케 **sake** 사키 	코냑 **cognac** 코냑 

막걸리 **makgeolli** 막걸리 	동동주 **dongdongju** 동동주 	피스코 **Pisco** 피스코 
진 **Gin** 진 	과실주 **fruit wine** 프룻 와인 	복분자주 **raspberry wine** 래즈베리 와인 
매실주 **plum wine** 플럼 와인 	정종 **refined rice wine** 리파인드 라이스 와인 	칵테일 **cocktail** 칵테일 

핵심문장 익히기

• 건배!
Cheers!
치얼스

• 한 잔 더 주세요.
I'd like to have another drink.
아이드 라익 투 해브 어나덜 드링크

• 한 병 더 주세요.
One more bottle, please.
원 모얼 바틀 플리즈

• 이 술은 몇 도인가요?
What proof is this?
왓 프루프 이즈 디스

Chapter 06 숙소

Unit 01. 호텔 내 관광 안내소, 프런트에서

바꿔말하기

관광할 만한 곳 을 추천해[예약해]주세요.

Please recommend(reserve) a tourist spot .

플리즈 리코멘드[리절브] 어 (투어리스트 스팟)

관광 안내

관광할 만한 곳 **tourist spot** 투어리스트 스팟	숙소 **lodging** 로징	관광 코스 **tourist route** 투어리스트 루트
열차표 **train ticket** 트레인 티킷	비행기표 **plane ticket** 플레인 티킷	버스표 **bus ticket** 버스 티킷

핵심문장 익히기

- 수수료가 얼마예요?
  What do you charge for commission?
  왓 두 유 차지 포 커미션

- 택시를 불러주세요.
  Call me a taxi, please.
  콜 미 어 택시 플리즈

- 엽서[편지/소포]를 받아주세요.
  Please accept my postcard[letter/package].
  플리즈 액셉트 마이 포스트카드[레럴/패키지]

- 엽서를 한국으로 보내주세요.
  Please send my postcard to Korea.
  플리즈 센 마이 포스트카드 투 코리아

- 소포를 받아주세요.
  Please accept the package.
  플리즈 엑셉트 더 패키지

- 전화를 기다려요.
  I'm waiting for the phone call.
  아임 웨이링 포 더 폰 콜

- 전화를 받아주세요.
  Please accept the phone call.
  쁠리즈 엑셉트 더 폰 콜

- 제 이름은 (제이슨)입니다.
  My name is (Jason).
  마이 네임 이즈 (제이슨)

- 제 방 번호는 235입니다.
  My room number is 235.
  마이 룸 넘벌 이즈 투 쓰리 파이브

Unit 02. 숙소 찾기, 체크인

바꿔 말하기

조용한 호텔을 소개해주세요.

Please tell me a quiet hotel.

플리즈 텔 미 어 (콰이엇) 호텔

유스호스텔 을 찾고 있습니다.

I'm looking for a youth hostel .

아임 루킹 포 어 (유쓰 호스텔)

숙박 관련

시설이 좋은 **well-furnished** 웰 퍼니쉬드	저렴한 **cheap** 칩	조용한 **quiet** 콰이엇
호텔 **hotel** 호텔 	캠핑장 **camping** 캠핑 	게스트 하우스 **guesthouse** 게스트하우스 

유스호스텔 **youth hostel** 유쓰 호스텔 	민박 **Bed&Breakfast** 베드 앤 브렉퍼스트 
여관 **inn** 인 	에어 비앤비 **AIR BNB** 에어 비엔비

핵심 단어

교통이 편리한 **convient for transportation** 컨비니언트 포 트랜스포테이션	전망이 좋은 **having a good view** 해빙 어 굿 뷰	시내에 있는 **in downtown** 인 다운타운

바꿔말하기

싱글룸 을 원합니다.

I want a single room .

아이 원트 어 (씽글 룸)

호텔룸의 종류

싱글룸 **single room** 씽글 룸 	더블룸 **double room** 더블 룸 
트윈룸 **twin bed room** 트윈 베드 룸 	스위트룸 **suite** 스윗 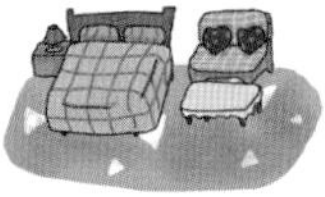
다인실 **dormitory** 도미토리 	흡연실 **smoking room** 스모킹 룸 
금연실 **non-smoking room** 넌스모킹 룸 	

▶ 호텔 예약

A: 방을 예약하려고 하는데요.

I'd like to book a room.

아이드 라익 투 부커 룸

B: 며칠이나 머무르실 건가요?

How long will you stay?

하우 롱 윌 유 스테이

A: (5월 1일) 체크인해서 (5월 4일) 체크아웃할 거예요.

I will check in on (May 1st) and check out on (May 4th).

아이 윌 췌킨 온 (메이 펄스트) 앤 췌카웃 온 (메이 폴쓰)

B: 어떤 방을 원하세요?

Which room do you want?

휘취 룸 두유 원트

A: (더블룸)을 원합니다.

I want a (double room).

아이 워너 (더블 룸)

B: 몇 분이세요?

How many are there in your party?

하우 메니 알 데얼 인 유얼 파리

A: 두 명입니다.

Two people.

투 피플

B: 예약을 도와드릴게요, 성함과 연락처를 말씀해주세요.

I'll help you with your reservation. Please tell me your name and contact information.

아윌 헬 퓨 위드 유얼 레절베이션 플리즈 텔 미 유얼 네임 앤 콘택 인포메이션

A: 제 이름은 크리스티나고요, 연락처는 123–456–7890입니다.

My name is Christina and my number is 123-456-7890.

마이 네임 이즈 크리스티나 앤 마이 넘버 이즈 원투쓰리–포파이브식스–세븐에잇나인지로

B: 네, 예약되었습니다.

Your reservation has been made.

유얼 레절베이션 해즈 빈 메이드

▸ 호텔 체크인

A: 예약하셨나요?

Do you have a reservation?

두 유 해버 레절베이션

B: 예약했습니다.

I have a reservation.

아이 해버 레절베이션

제 이름은 (크리스티나)입니다.

My name is (Christina).

마이 네임 이즈 (크리스티나)

예약확인증 여기에 있습니다.

Here's my confirmation slip.

히얼즈 마이 컨퍼메이션 슬립

예약을 안 했는데, 빈방 있나요?

I didn't make a reservation. Do you have any vacancies?

아이 디든 메익 어 레절베이션 두 유 햅 애니 베이컨씨

A: 어떤 방을 원하세요?

Which room do you want?

휘취 룸 두 유 원트

B: (싱글룸)을 원합니다.

I want a (single room).

아이 워너 (씽글 룸)

보증금은 얼마인가요?

How much is the deposit?

하우 머치 이즈 더 디포짓

A: 보증금은 (100달러)입니다.

The deposit is ($100).

더 디포짓 이즈 (원헌드레드 달러스)

신분증을 보여주세요.

Let me see your ID, please.

렛 미 씨 유얼 아이디 플리즈

B: 여권, 여기에 있어요.

Here's my passport.

히얼즈 마이 패스포트

A: 숙박신고서를 작성해주세요.

Please fill out the registration form.

플리즈 필 아웃 더 레지스트레이션 폼

핵심 단어			
여권 passport 패스폿	입실 check-in 체크인	퇴실 check-out 체크아웃	연락처 contact information 콘택트 인포메이션

핵심문장 익히기

객실 구경

- 객실을 보여주세요.
  Please show me your room.
  플리즈 쇼 미 유얼 룸

- 욕실이 어디인가요?
  Where is the bathroom?
  웨얼 이즈 더 배쓰룸

- 화장실이 어디인가요?
  Where is the restroom?
  웨얼 이즈 더 레스트룸

- 뜨거운 물이 나오나요?
  Is hot water available?
  이즈 핫 워럴 어베일러블

- 변기에 물이 내려가나요?
  Does the toilet flush well?
  더즈 더 토일럿 플러쉬 웰

- TV가 나오나요?
  Does the TV work?
  더즈 더 티비 월크

- 에어컨[난방기]은/는 작동되나요?

  Does the air conditioner[heater] work?

  더즈 디 에어컨디셔널[히럴] 월크

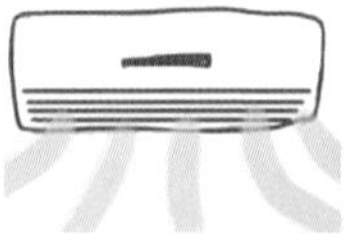

- 아침 식사는 포함되었나요?

  Is breakfast included?

  이즈 브렉퍼스트 인클루디드

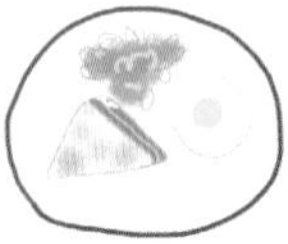

- 아침 식사는 어디서 하나요?

  Where can I get breakfast?

  웨얼 캔 아이 겟 브렉퍼스트

- WIFI는 되나요?

  Can I get Wi-Fi here?

  캔 아이 겟 와이파이 히어

- WIFI 비밀번호가 어떻게 되나요?

  What's the WI-Fi password?

  왓츠 더 와이파이 패스워드

가격흥정

- 하루 묵는 데 얼마인가요?

  How much is it to stay overnight?

  하우 머치 이즈 잇 투 스테이 오벌나잇

- 봉사료와 세금이 포함된 가격인가요?

  Does it include service charges and taxes?

  더즈 잇 인클루드 서비스 차지스 앤 텍스

• 깎아주세요.

Can you give me a discount?

캔 유 깁 미 어 디스카운트

• 더 비싼 방을 보여주세요.

Please show me more expensive room.

플리즈 쇼 미 모어 익스펜시브 룸

• 이 방은 마음에 안 들어요.

I don't like this room.

아이 돈 라익 디스 룸

• 이 방으로 할게요.

I'll take this room.

아윌 테익 디스 룸

• 보증금이 얼마인가요?

How much is the deposit?

하우 머치 이즈 더 디포짓

• 영수증을 주세요.

Give me a receipt, please.

깁 미 어 리씻 플리즈

계산 후 요구와 질문

- 짐을 보관해주세요.

  Please keep my luggage.

  플리즈 킵 마이 러기지

- 짐을 방까지 옮겨주세요.

  Please carry my luggage to the room.

  플리즈 캐리 마이 러기지 투 더 룸

- 아침 식사는 몇 시부터 몇 시까지인가요?

  What time does breakfast start?

  왓 타임 더즈 브렉퍼스트 스타트

- 아침 식사는 어디에서 하나요?

  Where do you eat breakfast?

  웨얼 두 유 잇 브렉퍼스트

- 식권을 주세요.

  Please give me a meal coupon.

  플리즈 깁 미 어 밀 쿠폰

- 체크아웃은 몇 시인가요?

  What time is checkout?

  왓 타임 이즈 체크아웃

체크인 트러블

- 늦게 도착할 거 같아요.

  I think I'll be arriving late.

  아이 띵크 아윌 비 어라이빙 레이트

- 예약을 취소하지 마세요.

  Don't cancel my reservation.

  돈 캔슬 마이 레절베이션

- 방을 바꿔주세요.

  Please change my room.

  플리즈 체인지 마이 룸

Unit 03. 룸서비스

바꿔말하기

물 을 갖다주세요.

Please bring me some water .

플리즈 브링 미 썸 (워럴)

룸서비스 - 음료 및 식사

물 water 워러 	커피 coffee 커피 
샴페인 champagne 섐페인 	와인 wine 와인 
얼음 ice 아이스 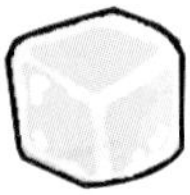	식사 (a) meal (어) 밀 

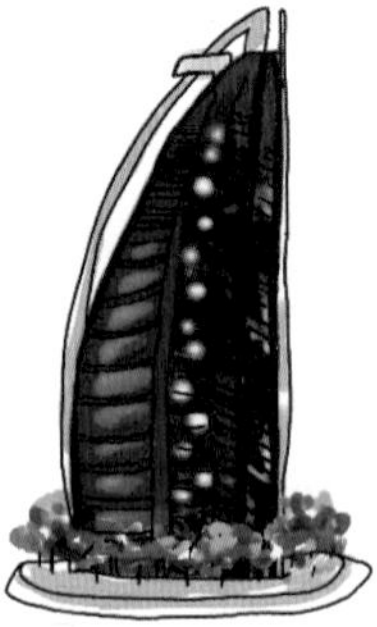

바꿔말하기

모닝콜 을 해주세요.

Can I get a wake up call ?

캔 아이 겟 어 (웨이컵 콜)

룸서비스 - 기타	
모닝콜 **wake up call** 웨이컵 콜 	세탁 / 다림질 / 드라이크리닝 **laundry/ironing/ dry cleaning** 런드리/아이어닝/드라이 클리닝 
방 청소 **cleaning up my room** 클리닝 업 마이 룸 	식당 예약 **restaurant reservation** 레스토런 레져베이션 
마사지 **massage** 머싸쥐 	

▶ 룸서비스를 부탁할 때

A: 202호입니다.

This is room 202.

디스 이즈 룸 투오투

룸서비스를 부탁드립니다.

Room service, please.

룸 써비스 플리즈

B: 네

Yes.

예스

A: 누구세요?

Who is it?

후 이즈 잇

B: 룸서비스입니다.

This is room service.

디스 이즈 룸 서비스

A: 잠시만 기다려주세요.

Please wait a moment.

플리즈 웨잇 어 모먼트

들어오세요.

Come in.

컴 인

감사합니다. 이것은 팁입니다.

Thank you. Here is your tip.

땡큐 히어 이즈 유얼 팁

Unit 04. 객실 트러블

바꿔말하기

냉장고 가 고장 났어요.

The fridge is broken.

더 (프리짓) 이즈 브로큰

담요 를 갖다주세요.

Please bring me a blanket .

플리즈 브링 미 어 (블랭킷)

침대 가 더러워요

The bed is dirty.

더 (베드) 이즈 더리

객실

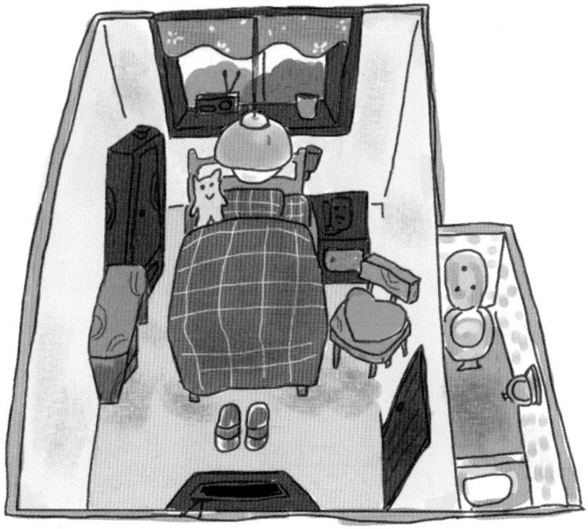

방 room 룸 	전화 telephone 텔레폰 	텔레비전 television 텔레비전 

리모컨 **remote control** 리모트 컨트롤 	비디오 **video** 비디오 	냉장고 **refrigerator** 리프리져레이러 
에어컨 **air conditioner** 에어 컨디셔너 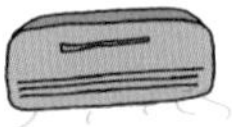	난방기 **heater** 히럴 	전등 **lamp** 램프 
침대 **bed** 베드 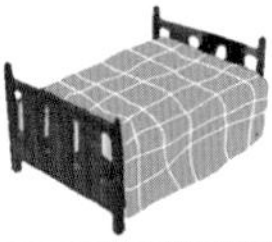	베개 **pillow** 필로우 	담요 **blanket** 블랭킷 
시트 **sheet** 시트 	소파 **sofa** 소우파 	테이블 **table** 테이블 
커튼 **curtain** 커튼 	티슈 **tissue** 티슈 	헤어드라이기 **hair dryer** 헤어 드라이얼 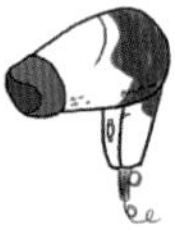
환풍기 **ventilator** 벤틸레이러 	미니바 **minibar** 미니바 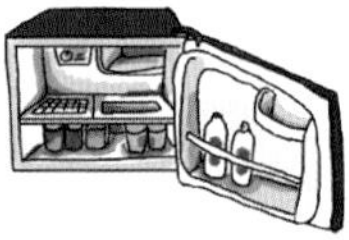	

욕실

변기 **toilet** 토일럿 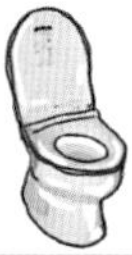	수도꼭지 **faucet** 퍼씻 	창문 **window** 윈도우 
샤워기 **shower** 샤워 	휴지 **toiler paper** 토일럿 페이펄 	샴푸 **shampoo** 샘푸 
비누 **soap** 쏘웁 	샤워젤 **shower gel** 샤워 젤 	칫솔 **toothbrush** 투쓰브러쉬 
치약 **toothpaste** 투쓰페이스트 	욕조 **bathtub** 배쓰텁 	세면대 **sink** 씽크 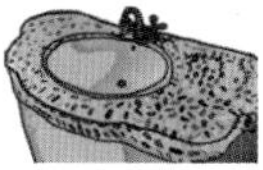
거울 **mirror** 미러 	수건 **towel** 타월 	

핵심문장 익히기

- 문이 열리지 않아요.
  The door won't open.
  더 도얼 오운트 오픈

- 열쇠를 잃어버렸어요.
  I lost my keys.
  아이 로스트 마이 키즈

- 열쇠를 방 안에 두고 왔어요.

  I left my keys in the room.

  아이 레프트 마이 키즈 인 더 룸

- 방 번호를 잊어버렸어요.

  I forgot my room number.

  아이 포갓 마이 룸 넘버

- 변기가 막혔어요.

  The toilet is clogged.

  더 토일렛 이즈 클러그

- 변기를 고쳐주세요.

  Please fix the toilet.

  플리즈 픽스 더 토일렛

- 더운 물이 안 나와요.

  There's no hot water.

  데얼즈 노 핫 워럴

- 세면대 물이 샙니다.

  The faucet is leaking.

  더 퍼씻 이즈 리킹

- 욕실 청소를 다시 해주세요.

  Please clean the bathroom again.

  플리즈 클린 더 배쓰룸 어게인

- 전등이 나갔어요.

The lights are out.

더 라잇차 아웃

- 방해하지 마세요.

Do not disturb.

두 낫 디스털브

- 방을 청소해주세요.

Please make up the room.

플리즈 메이컵 더 룸

- 주위가 시끄러워요.

It's noisy around here.

잇츠 노이지 어라운드 히얼

- 잠깐 와주시겠어요?

Could you come over for a moment?

쿠 쥬 컴 오벌 뽀 어 모먼트

Unit 05. 부대시설

바꿔말하기

헬스클럽 이 어디에 있나요?

Where is the fitness center ?

웨얼 이즈 더 (피트니스 센터)

비즈니스 센터 는 몇 시에 문을 여나요?

What time does the business center open?

왓 타임 더즈 더 (비즈니스 센터) 오픈

부대시설

헬스클럽 **fitness center** 피트니스 센터	비즈니스 센터 **business center** 비즈니스 센터
상점 **store** 스토얼	사우나 **sauna** 싸우너
수영장 **swimming pool** 스위밍 풀	식당 **restaurant** 레스트런트

마사지샵 **massage salon** 머싸쥐 쌀론	우체국 **post office** 포스트 오피스
은행 **bank** 뱅크	커피숍 **coffee shop** 커피 숍

핵심문장 익히기

- 팩스[복사/출력] 한 장에 얼마예요?
  How much do you charge for fax[copy/print]?
  하우 머치 두 유 차지 포 팩스[카피/프린트]

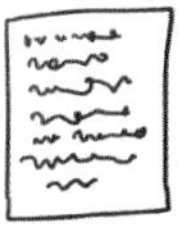

- 머리를 짧게 잘라주세요.
  Please cut my hair short.
  플리즈 컷 마이 헤얼 쇼트

- 가볍게 파마해주세요.
  I'd like to have my hair permed.
  아이두 라잌 투 해브 마이 헤얼 펌드

- 전신 마사지를 해주세요.
  Please give me a full-body massage.
  플리즈 깁 미 어 풀 바디 마사지

- 발 마사지를 해주세요.
  Please give me a foot massage.
  플리즈 깁 미어 풋 마사지

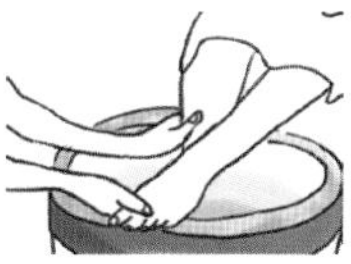

Unit 06. 체크아웃

바꿔말하기

이 추가요금 은 무엇인가요?

What is this extra charge ?

왓 이즈 디스 (엑스트라 차지)

추가요금	요금
extra charge 엑스트라 차지	**charge** 차지

핵심문장 익히기

- 체크아웃은 몇 시인가요?
  What time is checkout?
  왓 타임 이즈 체크아웃

- 하룻밤 더 묵고 싶어요.
  I'd like to stay one more night.
  아이드 라익 투 스테이 원 모어 나잇

- 하루 일찍 떠나고 싶어요.
  I'd like to leave one day earlier.
  아이드 라익 투 리브 원데이 얼리어

- 체크아웃해주세요.
  I'd like to check out.
  아이드 라익 투 체크 아웃

- 이것은 보증금 영수증입니다.

This is the deposit receipt.

디스 이즈 더 디파짓 리씻

- 귀중품을 꺼내주세요.

Please take out my valuables.

플리즈 테이크 아웃 마이 밸류어블즈

- 출발할 때까지 짐을 맡아주세요.

Please take care of my bags until I leave.

플리즈 테잌 케얼 옵 마이 백스 언틸 아이 리브

- 방에 물건을 두고 나왔어요.

I left my things in the room.

아이 레프트 마이 띵스 인 더 룸

- 보증금을 돌려주세요.

Please return the deposit.

플리즈 리턴 더 디파짓

- 계산이 잘못된 것 같아요.

I think the bill is wrong.

아이 띵크 더 빌 이즈 렁

- 얼마예요?

How much is it?

하우 머치 이즈 잇

• 택시를 불러 주세요.

Call me a taxi, please.

콜 미 어 택시 플리즈

• 영수증을 주세요.

Give me a receipt, please.

깁 미 어 리씻 플리즈

Unit 01. 우체국에서

바꿔 말하기

봉투 주세요.

Please give me an envelope .

플리즈 깁 미 언 (엔벨롭)

편지

그림엽서 **postcard** 포스트카드	봉투 **envelope** 엔벨롭

▶ 편지 부치기

A: 편지를 보내려고요.

I'd like to send a letter.

아이드 라익 투 센드 어 레럴

(봉투) 주세요.

Please give me an (envelope).

플리즈 깁 미 언 (엔벨롭)

B: 어떻게 보내실 건가요?

How would you like to send it?

하우 우 쥬 라익 투 센드 잇

A: 가장 빨리 도착하는 것으로 보내주세요.

Please send it using your fastest service.

플리즈 센드 잇 유징 유어 패스티스트 서비스

핵심문장 익히기

- 기념우표 주세요.

  Commemorative stamp, please.

  커메모러팁 스탬프 플리즈

- 풀은 어디 있어요?

  Where is the glue?

  웨얼 이즈 더 글루

- 우체통은 어디에 있나요?

  Where is the mailbox?

  웨얼 이즈 더 메일박스

- 우체국은 몇 시에 문을 닫나요?

  What time does the post office close?

  왓 타임 더즈 더 포스트 오피스 클로즈

▶ 소포 부치기

A: 이 소포를 한국의 서울로 보내주세요.

Please send this package to Seoul, South Korea.

플리즈 센드 디스 패키지 투 서울 사우스 코리아

B: 내용물은 무엇입니까?

What are the contents?

왓 아 더 콘텐츠

A: 유리라 깨지기 쉬우니 조심히 다뤄주세요.

It's glass, so it's fragile. Please handle it carefully.

잇츠 글라스 쏘 잇츠 프래질 플리즈 핸들 잇 케어풀리

B: 포장을 안 했네요. 상자를 드릴까요?

You didn't wrap it up. Would you like a box?

유 디든 랩 잇 업 우쥬 라익 어 박스

A: 네, 상자를 주세요.

Yes. Give me a box, please.

예스 깁 미 어 박스 플리즈

B: 어떻게 보내드릴까요?

How do you want it sent?

하우 두 유 원 잇 센트

A: 항공편[선편]으로 보내주세요.

Please send it by air[sea] mail.

플리즈 센 딧 바이 에어[씨] 메일

요금이 얼마예요?

How much is the fare?

하우 머치 이즈 더 페어

시간이 얼마나 걸리나요?

How long does it take to get there?

하우 롱 더즈 잇 테익 투 겟 데어

영수증을 주세요.

Give me a receipt, please.

깁 미 어 리씻 플리즈

핵심 단어		
수신인 addressee 애드레씨	발신인 addresser 어드레설	주소 address 애드레스
연락처 contact information 컨택 인포메이션	우편번호 zip code 집 코드	착불 collect on delivery 콜렉트 온 딜리버리

Unit 02. 은행에서

▶ 계좌 개설

A: 계좌를 개설해주세요.

Please open an account.

플리즈 오픈 언 어카운트

외화 사용이 가능한 계좌로 해주세요.

I'd like to have the account with foreign currency.

아이드 라익 투 햅 디 어카운트 위드 포린 커런시

B: 신청서를 작성해 여권과 함께 주세요.

Please fill out the application form and give it to me with your passport.

플리즈 필 아웃 더 어플리케이션 폼 앤 깁 잇 투 미 위드 유얼 패스포트

비밀번호 눌러주세요.

Please enter your password.

플리즈 엔터 유얼 패스워드

디시 한번 입력해주세요.

Please enter once again.

플리즈 엔터 원스 어겐

A: 현금카드도 만들어주세요.

Please give me a cash card.

플리즈 기브 미 어 캐쉬 카드

Unit 03. PC방에서

바꿔 말하기

컴퓨터 사용법 을 알려주세요.

Can you tell me how to use the computer ?

캔 유 텔 미 (하우 투 유즈 더 컴퓨럴)

이메일 확인방법 **how to check an email** 하우 투 첵 언 이메일	컴퓨터 사용법 **how to use the computer** 하우 투 유즈 더 컴퓨터

▸ PC방 이용하기

A: 한 시간에 얼마예요?

How much do you charge for an hour?

하우 머치 두 유 차지 포 언 아월

B: 회원인가요?

Are you a member?

아 유 어 멤벌

A: 회원이 아닌데요.

I'm not a member.

아임 낫 어 멤벌

B: 비회원은 5달러입니다.

If you're not a member, then you have to pay five dollars.

이 퓨 알 낫 어 멤벌 덴 유 햅 투 페이 파이브 달러스

Chapter 08 질병, 사고

Unit 01. 질병

바꿔 말하기

눈 이 아파요

My eyes hurt.

마이 (아이즈) 헐트

코 를 다쳤어요.

I hurt my nose .

아이 헐트 마이 (노우즈)

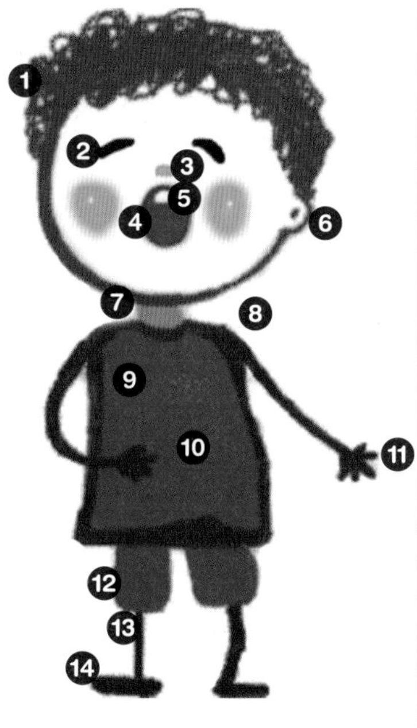

① 머리 head 헤드	② 눈 eye 아이	③ 코 nose 노우즈
④ 입 mouth 마우쓰	⑤ 이 teeth 티쓰	⑥ 귀 ear 이어
⑦ 목 neck 넥	⑧ 어깨 shoulder 숄더	⑨ 가슴 chest 체스트
⑩ 배 stomach 스터먹	⑪ 손 hand 핸드	⑫ 다리 leg 레그
⑬ 무릎 knee 니	⑭ 발 foot 풋	

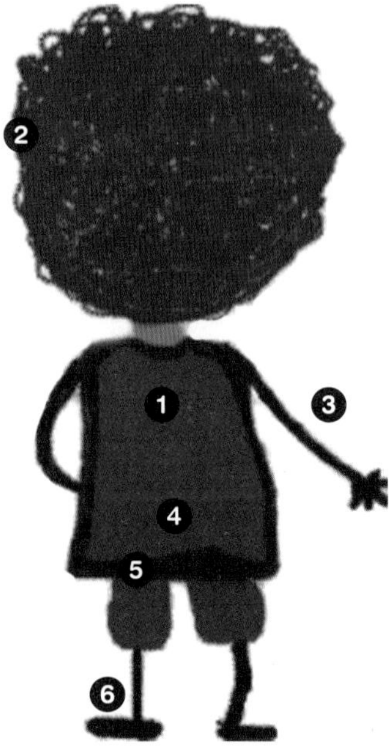

① 등 **back** 백	② 머리카락 **hair** 헤어
③ 팔 **arm** 암	④ 허리 **waist** 웨이스트
⑤ 엉덩이 **butt** 벗	⑥ 발목 **ankle** 앵클

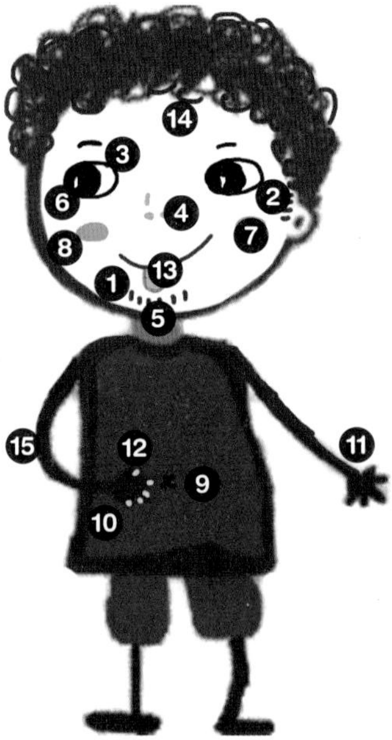

① 턱수염 **beard** 비어드	② 구레나룻 **sideburn** 사이드번	③ 눈꺼풀 **eyelid** 아이리드
④ 콧구멍 **nostril** 너스트럴	⑤ 턱 **jaw** 줘	⑥ 눈동자 **pupil** 퓨플
⑦ 목구멍 **throat** 쓰롯	⑧ 볼/뺨 **cheek** 칙	⑨ 배꼽 **bellybutton** 벨리버튼

⑩ 손톱 **nail** 네일	⑪ 손목 **wrist** 리스트	⑫ 손바닥 **palm** 팜
⑬ 혀 **tongue** 텅	⑭ 피부 **skin** 스킨	⑮ 팔꿈치 **elbow** 엘보우

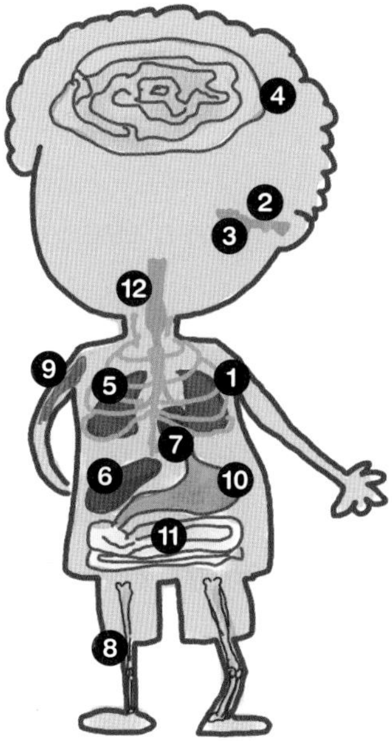

① 갈비뼈 **rib** 립	② 고막 **eardrum** 이어드럼	③ 달팽이관 **cochlea** 카클리어
④ 뇌 **brain** 브레인	⑤ 폐 **lung** 렁	⑥ 간 **liver** 리버
⑦ 심장 **heart** 할트	⑧ 다리뼈 **leg bone** 레그 본	⑨ 근육 **muscle** 머쓸
⑩ 위 **stomach** 스터먹	⑪ 대장 **large intestine** 라진테스틴	⑫ 식도 **gullet** 걸럿

▸ 도움을 요청할 때

A: 도와주세요!

Please help me.

플리즈 헬프 미

B: 어디 불편하세요?

Is there something wrong?

이즈 데어 썸씽 렁

무엇을 도와드릴까요?

Can I help you with anything?

캔 아이 헬 퓨 윗 애니띵

A: (코)를 다쳤어요.

I hurt my (nose).

아이 헐트 마이 (노우즈)

병원에 데려다주실 수 있나요?

Can you take me to the hospital?

캔 유 테익 미 투 더 하스피럴

구급차를 불러주실 수 있나요?

Could you call an ambulance?

쿠 쥬 콜 언 앰뷸런스

약을 사주시겠어요?

Could you buy me some medicine?

쿠 쥬 바이 미 썸 메디씬

부축해주세요.

Please help me.

플리즈 헬프 미

병원[약국]을 찾고 있어요.

I'm looking for a hospital[pharmacy].

아임 루킹 포 어 하스피럴(파머씨)

B: 아픈 지는 얼마나 됐나요?

How long have you been sick?

하우 롱 해뷰 빈 씩

A: 아픈 지는 (1시간) 됐어요.

It's been (an hour).

잇츠 빈 (언 아우어)

핵심문장 익히기

- 눈에 뭐가 들어갔어요.

  I've got something in my eyes.

  아이브 갓 썸띵 인 마이 아이즈

- 콧물이 흘러요.

  My nose is running.

  마이 노우즈 이즈 러닝

- 다리가 골절됐어요.

  I broke my leg.

  아이 브록 마이 레그

- 손을 데였어요.

  I burned my hand.

  아이 번드 마이 핸드

- 어지러워요.

  I feel dizzy.

  아이 필 디지

- 차멀미가 나요.

I get motion sickness.

아이 겟 모션 식니스

- 체했어요.

I have an upset stomach.

아이 해번 업셋 스터먹

- 설사해요.

I have diarrhea.

아이 햅 다이어리아

- 열이나요.

I have a fever.

아이 해버 피버

- 기침해요.

I have a cough.

아이 해버 코프

- 토했어요.

I vomited.

아이 버밋티드

- 찔렸어요.

It poked me.

잇 폭트 미

- 화상을 입었어요.

I burned myself.

아이 번드 마이셀프

- 식욕이 없어요.

I don't have much of an appetite.

아이 돈 햅 머치 옵 언 애피타이트

- 쥐가 나요.

I have a cramp.

아이 해버 크램프

- 식은땀이 나요.

I'm breaking out in a cold sweat.

아임 브레이킹 아웃 인 어 콜드 스웻트

- 빈혈이에요.

I'm anemic.

아임 어니믹

- 벌레에 물렸어요.

I got bitten by a bug.

아이 갓 비튼 바이 어 벅

- 곪았어요.

It festered.

잇 페스터드

- 염증이 생겼어요.
  I've got inflammation.
  아이 갓 언 인쁠로메이션

- 감염됐어요.
  It is infected.
  잇 이즈 인펙티드

병명		
천식 **asthma** 애즈머 	고혈압 **high blood pressure** 하이 블러드 프레셔 	소화불량 **indigestion** 인디제스천 
생리통 **menstrual cramps** 멘스트럴 크램스 	당뇨병 **diabetes** 다이아비디스 	알레르기 **allergy** 앨러쥐 
심장병 **heart disease** 할트 디지스 	맹장염 **appendicitis** 어펜디사이디스 	위염 **gastritis** 게스트라이디스 
감기 **cold** 코울드 	배탈 **stomachache** 스터먹에익 	설사병 **diarrhea** 다이어리어 
장티푸스 **typhoid** 타이포이드 	결핵 **tuberculosis** 투버큘러시스 	고산병 **altitude sickness** 앨티튜드 씩니스 
광견병 **rabies** 레이비스 	뎅기열 **dengue fever** 덴기 피버 	저체온증 **hypothermia** 하이포써미아 

폐렴 **pneumonia** 누모우니어 	식중독 **food poisoning** 푸드 포이즈닝 	기관지염 **bronchitis** 브랑카이디스 
열사병 **heatstroke** 힛스트록 	치통 **toothache** 투쎄익 	간염 **hepatitis** 헤퍼타이디스 

약명

아스피린 **aspirin** 애스피린 	소화제 **digestive medicine** 다이제스티브 메디슨 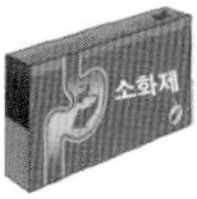	위장약 **antacid** 앤태씨드 
반창고 **band-aid** 밴드에이드 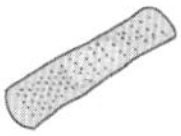	수면제 **sleeping pill** 슬리핑 필 	진통제 **pain reliever/ analgesic** 페인 릴리버/애널쥐직 
해열제 **fever reducer/ antipyretic** 피버 리듀써/ 안티페이레틱 	멀미약 **motion sickness reliever** 모션 씩니스 릴리버 	기침약 **cough medicine** 콥 메디슨 
지혈제 **styptic** 스팁틱 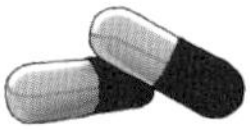	소염제 **anti inflammatory drug** 앤티 인플래머토리 드럭 	
소독약 **antiseptic** 앤디셉틱 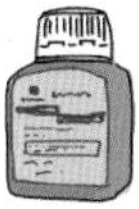	변비약 **laxative** 랙서팁 	안약 **eye drops** 아이 드랍스 
붕대 **gauze** 거즈 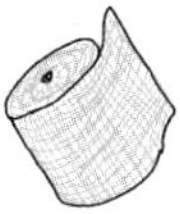	지사제 **antidiarrheal** 안티다이어리얼 	감기약 **cold medicine** 콜드 메디쓴 

Unit 02. 사고(분실, 도난, 교통사고)

바꿔말하기

지갑 을 잃어버렸어요.

I lost my wallet .

아이 로스트 마이 (월릿)

소지품		
지갑 **wallet** 월릿 	여권 **passport** 패스포트 	신용카드 **credit card** 크레딧 카드 
가방 **bag** 백 	돈 **money** 머니 	보석 **jewel** 쥬얼 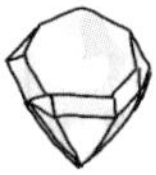
수표 **check** 첵 	신분증 **identification card** 아이덴티피케이션 카드 	귀중품 **valuables** 밸류어블즈 

핵심문장 익히기

도움 요청

- 도와주세요!

  Please help me.

  플리즈 헬프 미

- 경찰을 불러주세요.

  Please call the police.

  플리즈 콜 더 폴리스

- 경찰에 신고해주세요.

  Please report it to the police.

  플리즈 리폿 잇 투 더 폴리스

- 전화해주세요.

  Please call me.

  플리즈 콜 미

- 핸드폰을 빌려주세요.

  Please lend me your cellphone.

  플리즈 렌드 미 유얼 쎌폰

- 한국 통역관을 불러주세요.

  Please call a Korean interpreter.

  플리즈 콜 코리안 인터프리터

도난

- 도둑[소매치기]이야!

  There's a thief[pickpocket]!

  데얼즈 어 띠프[픽파킷]

- 제 물건을 찾아주세요.

  Please find my stuff.

  플리즈 파인 마이 스터프

교통사고

- 교통사고를 당했어요.

  I got into a car accident.

  아이 갓 인투 어 카 액시던트

- 사고가 났어요.
  An accident has happened.
  언 액시던트 해즈 헤픈드

- 뺑소니예요!
  A hit and run!
  어 히트 앤 런

- 구급차를 불러주세요.
  Please call an ambulance.
  플리즈 콜 언 앰뷸런스

폭행 / 강도 / 사기

- 살려주세요!
  Help me, please.
  헬프 미 플리즈

- 강도예요.
  It's a robbery.
  잇츠 어 러버리

- 사기를 당했어요.
  I was tricked.
  아이 워즈 트릭트

- 폭행을 당했어요.
  I was assaulted.
  아이 워즈 어썰티드